損する
土地活用
得する
資産活用

一級建築士
公認不動産コンサルティングマスター　緒方大介

CROSSMEDIA PUBLISHING

はじめに

初めまして。（株）リフレム代表の緒方大介です。この度は本書を手に取っていただきありがとうございます。私は20代に建築設計の仕事に従事した後、不動産会社やデベロッパー、地域の工務店勤務をへて2014年に当社を立ち上げました。これまで建築、不動産、賃貸経営はもちろんのこと、金融、相続、投資、法人経営に至る幅広い分野で経験を積み、知識を吸収してきました。

現在はその経験と知識を統合し、数字に裏付けされた「理論」と「中立」な立場でのコンサルティングをモットーに、数多くの不動産オーナーの課題解決、資産形成のサポートをしています。

本書をどのようなきっかけで出版することになったのかを、まずは述べてみたいと思います。私は社会人としてのキャリアを一級建築士事務所での仕事からスタートしました。建築家という職業に憧れ少人数の設計事務所に勤め、20代は設計図面と建築現場で徹底的に実務経験を積みました。その後、独立も考えましたが、もう少し視野を広げてみようと、30代は都内の中堅不動産会社に転職しました。当時はリーマンショック前の過熱した時期で、不動産価格がどんどん上昇していた時期でしたが、やがてリーマンショックを迎え勤務先の社員数が120名程度から半数程度になる大変な時代でした。

私自身は開発現場の在庫処分を手がけた後、2009年から賃貸住宅の管理受託営業の仕事に関わりました。それが土地活用や賃貸経営に関わるきっかけでした。それから現在に至るまで、顧客層は地域の地主さんから、独立してからは中小企業や上場企業の経営者、事業法人までと、多種多様な不動産オーナーの資産形成のお手伝いをしてきました。

そして、その中で強く感じたことがあるのです。

「同じ賃貸経営でもオーナーによって視点が全く異なり、その結果生じる差は極めて大きい」ということです。

そして、その**視点の違いが最も顕著に出るのが本書のテーマでもある「土地活用」なのです**。

土地活用は賃貸経営、相続対策の分野でも最もポピュラーな方法ですが、その目的として“節税になるから”と安易に考えている方も多いのではないでしょうか。しかし、**節税になるから建築するのではなく、土地という資産そのものを有効に活用する**という視点を持つことで、これまでとは違った選択肢がみつかるはずです。土地があるからと単純に建築してしまえばアパート経営が成立したのはもはや過去の話です。空室対策や将来の運用に悩むくらいであれば、“資産の組み換え”という抜本的な資産設計の方法もあるのです。

本書はこのような方に是非読んでいただきたい内容です。

□土地活用を進めるべきか迷っている
□将来の相続で実家が残るか気になる
□老朽化したアパート、マンションの運用方法が不安
□総資産５億円以上で不動産運用を拡大したい
□東京への資産の組み換えを進めたい
□不動産オーナーをサポートする税理士、弁護士などの士業の方

とくに、

・土地活用でアパートやマンションを建築することにはどんな意味があるのか？
・資産を有効に活用する視点では成功しているのか否か？
・本当に相続対策になっているのか？

などについて数字や図解を交えて、なるべくわかりやすく解説しました。本書を読んでいただくことが、読者の皆様の資産形成の一助となれば幸いです。

2023年10月吉日

緒方大介

3章 相続対策は「収益力×節税力」で資産を残す

4章 賃貸経営・不動産投資分析の基礎知識

5章 得する資産活用のための「資産の組み換え」術

6章 事例でわかる「得する資産活用」

1章

損する土地活用の典型例

これだけは知っておきたい3つのポイント

ポイント
その１

土地代を考慮しない事業収支の落とし穴

まず最初に、土地活用を進める前に知っていただきたい３つの重要なポイントについてチャット形式で解説します。

本書で最もお伝えしたい内容ですので、土地活用で損をしたくない方は、必ず目を通してください。

土地活用に関して東京都下に土地をお持ちの地主のＡさんからの相談です。

Ａさん

昔は倉庫でしたが、今は使っていない土地が48坪あるんです。先日建築メーカーの営業マンが来て、アパートを建築してみてはどうかと提案資料と名刺を置いていったんですよ。

しかも、相続税の節税にもなるっていうし、確かにこのまま土地を放置しておくのももったいないと思うので、どうしようかと。立地は駅から25分以上も歩くエリアですが、周辺のアパートの入居状況はよさそうなんです。なにかアドバイスをいただけますか？

緒方

はい、土地の有効活用のご相談ですね。
駅から25分もかかりますが、土地の広さが48坪もありますのでアパート建築自体は可能ですよ。

人口推計予測によれば、将来的にこのエリアは人口減が予測されていますが、少なくともあと10年位は現状維持のようですね。周辺のアパートを調べてみますと、確かにおっしゃるように築年数が経過した物件であってもリフォームをすれば満室稼働しているようです。これから新築すれば賃料次第では入居が見込めそうです。

Aさん

とりあえず経営として成り立ちそうで安心しました。

緒方

ところで、営業マンの方が置いていった提案資料では建築費と想定賃料はどれ位でしたか？

Aさん

提案された建築費は5000万円で、年間の満室賃料は526万円でした。その他、満室賃料から運営費や空室損を差し引いた想定の営業純利益が420万円となっていました。詳しくは以下の通りです。

事例１ ※営業マンからの提案内容

【エリア】 東京郊外の低層住宅地。最寄り駅から徒歩25分

【地　積】 160㎡（48.4坪）　【容積率】 100％

【総建築費】 5000万円　【総建築費】 木造２階建てアパート

【賃貸面積】 48.4坪　【延床面積】 58.1坪（賃貸面積の1.2倍程度）

【間取り】 26.6㎡・１Ｋタイプ

【賃　料】 73000円

【総戸数】 ６戸

【満室家賃収入】 526万円

【営業純利益】 420万円（満室賃料の80％）

【年間の融資返済額】 193万円（建築費5000万を金利１％、期間30年の融資利用）

【税引前キャッシュフロー】 420万円－193万円＝227万円

〈参考収支〉

	1年目	2年目	3年目	4年目
◆収入				
満室賃料収入	5,256,000	5,229,720	5,203,571	5,177,554
空室損(5%)	-262,800	-261,486	-260,179	-258,878
収入合計	4,993,200	4,968,234	4,943,393	4,918,676
◆支出				
賃貸管理手数料	289,080	287,635	286,196	284,765
光熱費	105,120	104,594	104,071	103,551
清掃・維持費	157,680	156,892	156,107	155,327
公租公課	105,120	104,594	104,071	103,551
その他経費	131,400	130,743	130,089	129,439
支出合計	788,400	784,458	780,536	776,633
営業純利益(NOI)	4,204,800	4,183,776	4,162,857	4,142,043
融資返済	1,929,837	1,929,837	1,929,837	1,929,837
税引前ｷｬｯｼｭﾌﾛｰ	2,274,963	2,253,939	2,233,020	2,212,206

5年目	6年目	7年目	8年目	9年目	10年目
5,151,666	5,125,907	5,100,278	5,074,777	5,049,403	5,024,156
-257,583	-256,295	-255,014	-253,739	-252,470	-251,208
4,894,082	4,869,612	4,845,264	4,821,038	4,796,933	4,772,948
283,342	281,925	280,515	279,113	277,717	276,329
103,033	102,518	102,006	101,496	100,988	100,483
154,550	153,777	153,008	152,243	151,482	150,725
103,033	102,518	102,006	101,496	100,988	100,483
128,792	128,148	127,507	126,869	126,235	125,604
772,750	768,886	765,042	761,216	757,410	753,623
4,121,333	4,100,726	4,080,222	4,059,821	4,039,522	4,019,324
1,929,837	1,929,837	1,929,837	1,929,837	1,929,837	1,929,837
2,191,495	2,170,889	2,150,385	2,129,984	2,109,685	2,089,487

利回り※は土地建物総額で判断する

緒方

満室賃料収入が526万円の想定ですが、空室損や運営費を除いた営業純利益は420万円になりますね。

これは年間の融資返済額193万円の約2.2倍（420万円／193万円）もありますので返済は十分可能なようですね。

Aさん

そうなんです。融資も返済できるし、賃料も安全側に低く設定しておけば空室で困ることはないと思うんです。

建築費5000万円に対して526万円の賃料ですから、利回りは526万円／5000万円≒10.5％ですよね。営業純利益ベースでも420万円／5000万円≒8.4％となります。

こんなに高い利回りの賃貸経営は投資としても十分メリットがあると思うんですが……。

緒方

今、計算された利回りは実は**建築費**だけの利回りなんです。これだけで投資の判断をするのは極めて危険ですよ。賃貸経営の利回りを考えるのであれば当然建物を建てる土地代も含めた総事業費の利回りで考える必要があります。

※利回りとは、投資した金額に対する収益割合を表した指標です（4章参照）

Aさん

でも土地は先祖代々から保有していますので購入費用はかかっていないんですが……。

緒方

確かにそうですね。でも、先祖代々から保有している土地があるからこそ、建築ができて賃貸経営ができるんですよね。Ａさんの土地は時価評価で5000万円程度の価値はあると思います。

その土地を活用するということは、建築したあとで土地だけを売るわけにはいかないですよね？　賃貸経営という事業に5000万円を投資しているということと同じです。先ほどの利回りの計算ですが、正しくは土地建物総額１億円（5000万円＋5000万円）に対して、満室賃料が526万円ですから、利回りは約5.3％。営業純利益ベースでは4.2％となります。

〈土地代を考慮した利回り比較〉

	建築費のみ	土地建物総額
表面利回り（満室賃料ベース）	約10.5％	約5.3％
実質利回り（営業純利益ベース）	約8.4％	約4.2％

Aさん

なるほど、確かに**利回りは土地建物総額でみなければならない**ということはわかりました。でもよくわからないのは満室賃料ベースの表面利回り5.3％が魅力的な事業なのかどうかということです。私は実質利回り4.2％は決して悪くないと思うのですが、利回りについてはどう考えればいいですか？

利回りの相場と土地活用の関係

緒方

鋭い質問ですね。まさにそこがポイントなんです。

実は利回りにもエリアごとの相場があるんです。わかりやすいように土地の相場価格から考えてみましょうか。Aさんはこの辺りの住宅地の価格の相場がどれくらいかご存じですか？

Aさん

はい、この辺りはだいたい坪単価100万円位はすると思いますよ。

緒方

はい、確かにだいたいそれくらいです。仮に、住宅を建てようと思って土地を探していたとして、近くで坪単価130万円の土地が売りに出ていたら購入したいと思いますか？

Aさん

いいえ、さすがに高すぎるので買わないですね。

緒方

そうですよね。不動産は市場で売買しようと思ったら相場価格というものがあって、需要と供給のバランスで価格が形成されます。これが**実勢価格**とか**時価評価**といわれるものです。土地と同様に賃貸アパートにも取引される（売買される）相場の利回りがあるんですよ。取引利回りの相場の参考として、「不動産投資と収益物件の情報サイト健美家（けんびや）」のサイトで公開されている収益物件市場動向四半期レポートを紹介させていただきますね。

Aさん

利回りの相場がわかるそんな便利なサイトがあったんですね、知りませんでした。

緒方

これは売却物件として登録された物件の利回りですが、これを見るとAさんが現在、土地活用を検討しているエリアの築10年未満の利回りの相場は6.5％位ですね。先ほど計算した表面利回りが5.3％でしたので、もう少し改善する必要があります。

Aさん

確かにこうして利回りの相場と比較してみると、高いと思った利回りでも相場より低いということがひと目でわかりますね。

緒方

そうですね。利回りを6.5％に上げるには、土地の価値は5000万円で変わりませんから、家賃を高くするか建築費を下げる必要がありますね。そうはいっても、家賃を無理に上げるわけにはいきませんから、建築費がいくらあれば、相場利回りに近づくか考えてみましょう。

計算すると建築費を1914万円コストダウン、つまり建築費5000万円を約38％減額すれば総額が8086万円となり、利回りが取引利回りの相場6.5％と一致します。

Aさん

なるほど、利回りの相場のことも知らなかったので、営業マンの提案通りにアパートを建ててしまうところでした。

緒方

　つまり、この土地活用を不動産投資で考えると、**相場価格が8086万円の賃貸アパートを1億円で購入して、相場よりも約24％（1914万円）も高く購入するということなのです。**たとえすぐには売却しないとしても、将来の相続時の納税資金や遺産分割等を考えると売却する可能性もゼロではないでしょう。それだけでなく、相場価格よりも約24％高く購入するということは、資産を増やすという側面からは大きなデメリットになります。いくら満室経営ができたとしても、そもそも相場価格よりも1914万円も高い不動産を購入したいと思いますか？

〈取引利回りの相場での総額比較〉

	利回り	満室賃料	土地建築総額と収益価格
計画内容	約5.3％	526万円	1億円
相場価格	約6.5％	526万円	約8086万円（－1914万円）

※相場価格は満室賃料／6.5％にて算定できます。

Aさん

　いいえ、思わないですよ。ここまで具体的にわかると土地活用は進めたくないですね。いままで賃貸アパートの相場価格なんて考えたことはなかったですが、先祖代々所有する土地といえども、私から相続する子供たち世帯も含めてよく考えたほうがよさそうですね。

緒方

はい、ご家族で改めてご検討されてみてはいかがでしょうか。

まとめ

満室経営ができれば土地活用は問題ないのでは？　と思われる方もいらっしゃるかもしれません。しかし、土地という資産を運用して利益を得るという視点からは、取引利回りの相場をチェックすることでまた違った視点がみえてくるはずです。そしてこの視点は土地活用提案の事業収支（キャッシュフロー計算書）には全く反映されないのです。**この視点こそ、本書でまずお伝えしたかったポイント**です。

なお、この取引利回りの相場での資産価値のことを**「収益価格」**といいます。

４章で詳しく解説しますが、本書では度々登場する重要なキーワードになりますのでぜひ覚えてください。

ポイント
その2

節税目的の土地活用は含み損に要注意

Aさん

おかげさまで、事業収支で土地代を考慮することや、“収益価格”の考え方も何となく理解できました。でも、“相続税の節税になるから”と勧められたんですが、その点はどうなのでしょうか？

緒方

はい、相続税の節税も大事な視点ですね。相続税の節税対策には誰しも関心があると思うのですが、賃貸経営の収益性と相続税の節税という２つの目的を果たさなければならないので混乱してしまいますよね。

まずは節税の基本的な考え方を整理してみましょう。わかりやすいように23ページの**図１-１相続税の比較**に更地の状態と賃貸アパートを建てた場合の相続税の比較をしてみました。

①は更地のままの状態です。この土地の路線価が25万円／㎡ですので、相続税評価額は25万円×160㎡＝4000万円です。Ａさんの相続税率は40％ですので、更地の状態で何も対策をしなければ、4000万円×40％＝1600万円が相続税としてかかるわけです。

②は土地活用を進めて、賃貸アパートを5000万円で建築した場合です。土地建物総額は１億円ですが、アパートを建てた場合、土地と建物ともに評価減があります。計算方法は以下の通りです。

賃貸アパートの相続税評価額算定

【土地】 賃貸住宅が建っている土地は**貸家建付地**の評価額となります。

算定：自用地評価額×（１－借地権割合60％×借家権割合30％×賃貸割合100％）
＝25万円×160㎡×（１－0.6×0.3×１）
＝3280万円……㋐
※計画地の借地権割合60％とします。

【建物】 建物は取得した（建築した）金額ではなく固定資産税評価額（取得価額の70％程度）で評価します。賃貸住宅はその評価額から借家権割合（全国一律30％）を減額した金額になります。

算定：5000万円×70％×（１－0.3×賃貸割合100％）
＝2450万円……㋑

【土地建物】 ㋐＋㋑＝5730万円

今回の事例では相続税評価額は5730万円です。１億円の土地建物の相続税評価額が約43％減り、5730万円となったので、**評価額は4270万円下がりました。**

土地活用をしてアパートを建てたことで、土地建物総額１億円のアパートが相続税評価額は5730万円になり、そこから借入債務5000万円を差し引くと課税総額は730万円となるので、最終的に相続税は292万円となりました（税率は①と同じ40％として）。

①の何も対策しない場合と比べると、相続税は1600万円から292万円に下がったので、結果として土地活用によって1308万円の節税ができたようにみえます。

土地代を考慮していないことが、資産運用としてNG

一方でAさんが実質保有する資産から負債である借入債務を除いた純資産を**図1-2純資産の比較**に整理してみました。①の何もしない場合は変化がなく純資産は更地価格の5000万円のままです。②の土地活用をした場合、5000万円の土地に5000万円の建築をした総額1億円のアパートは、取引利回りの相場6.5%のエリアにあるので約8086万円の時価評価になります。

ですから8086万円から借入債務5000万円を引くと、純資産3086万円となり1914万円のマイナスとなります。

つまり、完成して満室稼働時点ですでに大幅な含み損を抱えていることになります。結論としては、**1308万円の節税をしたようにみえても**、実は土地活用をすることで賃貸アパートの時価評価が低くなる土地だったため、**純資産が1914万円も減ってしまうことになります。**

図1－1　相続税の比較

	①現状	②賃貸アパート
建物		2450万円
土地	4000万円	3280万円
相続税評価額	4000万円	5730万円
借入債務		－5000万円
課税総額	4000万円	730万円
相続税（40％）	1600万円	292万円

－1308万円

減った相続税

図1－2　純資産の比較

	①現状	②賃貸アパート
投下した資産とお金	土地：5000万円	土地：5000万円 建物：5000万円 総額：　1億円
時価評価	5000万円のまま	8086万円
借入債務		－5000万円
純資産	5000万円	3086万円

－1914万円

減った純資産
（含み損）

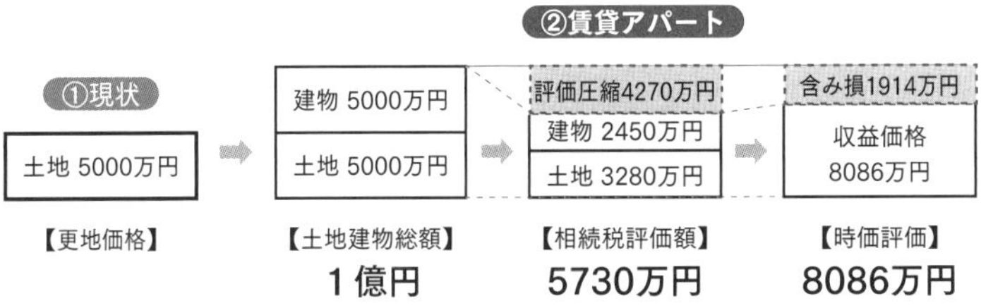

Aさん

節税で税金が1308万円も安くなるので、この土地活用はいい提案だと思ったのですが、そもそも私の純資産が1914万円も減ったら意味がありませんよね。本末転倒です。

緒方

はい、その通りです。土地活用の提案書では相続税の節税に関する試算はあるかもしれませんが、**事業収支において土地代を考慮していない時点で資産運用としての視点が欠落**しています。

もちろん、家賃収入はあるのですが事業開始時点で1914万円もの含み損を抱えてしまっては全然意味がないですよね。

Aさん

節税に気をとられるあまり資産運用の視点がすっぽり抜け落ちていました。

緒方

相続税対策で不動産の購入や建築をする場合は、高い資産価値と安定した賃貸経営ができる **“収益力”** があり、なおかつ **“節税力”** がある不動産を選別すべきです。相続税評価額が圧縮できて節税できるからよい対策だとは安易に考えないことが重要です。**相続税評価額を圧縮できても、資産価値が圧縮前の評価に戻らなければ“圧縮しっぱなし”で節税という名の損失**となってしまうのです。

Aさん

節税ばかりに気を取られていると意外な落とし穴があるということですね。よくわかりました。では今回の提案は見直したほうがよさそうですね。

緒方

はい、節税だけでなく資産運用の視点からもよくよくお考えになったほうがよさそうですね。

まとめ

地主さんが土地活用を検討する際には、“何か建築すれば稼げるのでは？”という期待と、“相続税が下がるのはメリットがある？”という誘惑があります。両方バランスがとれていればいいのですが、節税にばかり目が向いてしまうと資産運用で失敗してそもそも節税対策となってない、そのような落とし穴があるということです。先代からの土地を残したいという思いを本当に実現するのであれば、このバランスをしっかりと見極めることが重要です。

ポイント その3　土地活用に向いている土地、向かない土地

Aさん

ところで、先ほどの土地活用を見送った土地は建築費を６割程度に抑えてようやく取引利回りの相場だとわかりました。この建築費は現実的な金額ではありませんが、そもそも私たちが住んでいるエリアはどの場所でも土地活用が難しいということなのでしょうか？

緒方

はい、これも大切なポイントです。実は必ずしもそうではなく、当然土地活用に向いている土地もあるんです。では、どうして土地活用に向き不向きがあるのかについて２つのポイントにまとめて説明していきますね。

土地活用に向かない２つのポイント

ポイント①
低容積率エリア（特に100％以下）の土地活用

ポイント②
賃貸経営リスクが高い郊外住宅地の土地活用

〈ポイント①－１：容積率〉

ポイントの１つ目は土地の建築条件による理由です。土地には**容積率**（29ページコラム参照）という制限があることをご存じでしょうか？　容積率とは**「土地の面積に対して建築できる建物の面積（延**

床面積）の目安」です。例えば容積率100％は土地と同じ面積の建物（延床面積）が建築できるという意味です。

そもそも賃貸経営は収益事業ですので土地に対して小さい建物しか建築できない土地（特に容積率が100％以下の低容積率の土地）は、当然ですが経営上は不利になります。

〈ポイント①－２：容積率と地価の関係〉

さらに土地の価格も関係してきます。Ａさんの土地は容積率が100％の土地でしたが、近くの大通り沿いに中高層住宅地があり、容積率が200％の土地があります。そこは容積率がＡさんの土地の２倍の200％ですので、単純に考えると建物の面積は２倍で賃料収入も２倍になります。

しかし、ここが特に重要なのですが、**土地の価格は容積率が２倍となっても単純に２倍とはならない**のです。私の経験ではせいぜい1.5倍前後ではないでしょうか。一般的に路線価表では容積率の割合が高くなるとそれに応じて路線価も高くなる傾向にあります。ところが容積率の割合がそのまま路線価に反映されることはないのです。

〈ポイント①－３：低容積率の土地が土地活用に向かない理由〉

Ａさんの土地の容積率が100％ではなく、200％だった場合の含み損を計算してみます。図１-３（次ページ）は土地の面積は変わらず容積率が２倍、土地の価格は5000万円の1.5倍で7500万円、建物面積も賃料収入も２倍に変更した収支です。家賃収入、建築費は２倍となりましたが、土地は２倍ではなく1.5倍ですので利回りが5.3％から6.0％に改善しました。また、含み損も1914万円から1328万円に変化し、土地建物総額に対する含み損の割合は19％→７％に改善しました。

こうなると土地建物総額と収益価格の差は10％以下となり、土地活用の検討対象になるかもしれませんね。低容積率（特に100％以下）エリアが土地活用に向かない理由がまさにここにあります。

※ご所有地の容積率は各自治体の公式サイトから閲覧できますので土地活用を検討中の方は是非ご覧ください。

図1-3　容積率100%が200%に変化した場合

事例1	事例1の容積率を200%へ変更
【エリア】東京郊外の低層住宅地	【エリア】変更なし
【地積】160㎡（48.4坪）	【地積】変更なし
【容積率】100%	【容積率】200%
【土地の価格】5000万円	【土地の価格】7500万円
【建築費】5000万円	【建築費】1億円
【土地建物総額】1億円	【土地建物総額】1億7500万円
【賃貸面積】48.4坪	【賃貸面積】96.8坪
【延床面積】58.1坪	【延床面積】116.1坪
【満室家賃収入】526万円	【満室家賃収入】1051万円
【表面利回り】5.3%	【表面利回り】6%

容積率100%

賃貸アパート

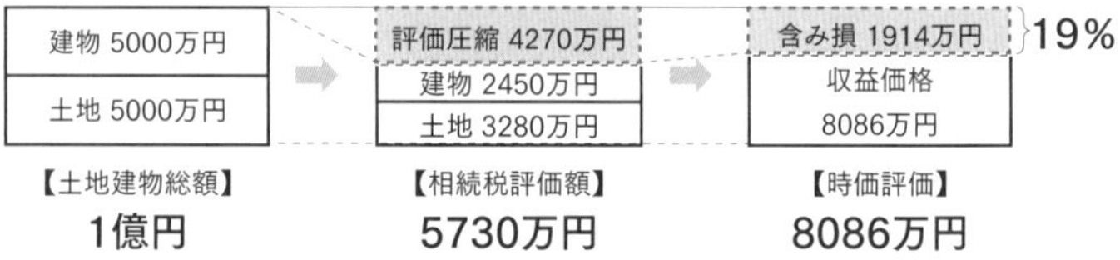

容積率200%

賃貸アパート

コラム

容積率と建ぺい率

「容積率」と「建ぺい率」はどちらも土地に対する建物の規制を表す指標で、用途地域によってそれぞれの基準が決められています。

容積率とはすでに説明したように、**「土地の面積に対して建築できる建物の面積（「延床面積」）の目安」**です。「延床面積」とは建物のそれぞれの階の床面積を合計した面積です。容積率は次の式で表されます。

▶容積率（%）＝延床面積÷敷地面積×100

例えば容積率が100%ならば土地と同じ延床面積の建物が建築できるという意味です。

一方で、建ぺい率とは、**「土地の面積に対して建築できる建築面積の目安」**です。建築面積とは、建物を真上からみた際の面積ということです。建ぺい率は以下の式で表されます。

▶建ぺい率（%）＝建築面積÷敷地面積×100

建ぺい率は土地の広さに対しどれくらいの建物を立てられるかの目安と考えるとわかりやすいでしょう。

$$\text{容積率（\%）}=\frac{\text{延床面積}}{\text{敷地面積}}\times 100 \qquad \text{建ぺい率（\%）}=\frac{\text{建築面積}}{\text{敷地面積}}\times 100$$

〈ポイント②－１：投資目線でみた利回りの意味〉

ポイントの２つ目は、賃貸経営リスクが高い郊外住宅地で建築する等の立地条件による理由です。

本書では土地活用を検討する際に、必ず取引利回りの相場をチェックして収益価格を把握することの重要性を述べてきました。駅から遠くなることで、取引利回りの相場がどのように変化するかについてもチェックしていただきたいのです。

例えば駅前のマンションと、駅から徒歩40分もかかるバス路線利用のマンションを比較した場合、当然駅前のマンションの方が将来の空室率は低く、リスクは一般的には少なくなります。そうすると、物件を投資目線で評価すると次のような心理が働きます。

「駅から40分の物件は駅前の物件に比べれば将来の経営リスクは高い。しかし、駅前の方はさすがに長期空室になる心配は少ないだろうから、多少利回りが低くても（つまり物件価格が高くても）購入しておいた方がいいな」。

つまり、**投資目線でみた場合には“利回りの高さ＝リスクの高さ”**ということになるのです。つまり駅から遠く離れれば離れるほど取引利回りの相場が高くなり（つまり、物件が安くなければ）物件は取引されなくなるという考え方になります。

〈ポイント②－２：収益価格の下落要因〉

次ページの図は事例１の駅から徒歩25分にあった物件がさらに郊外の徒歩40分（バス利用）エリアにあったと仮定して、取引利回りの相場が6.5％から８％に上昇した際の収益価格の変化です。さらに1511万円下がる結果となりました。

〈取引利回りの相場が変化した場合の時価評価の変化〉

	利回り	満室賃料	収益価格
相場価格（駅25分）	約6.5％	526万円	約8086万円
相場価格（駅40分）	約８％		約6575万円（**−1511万円**）

賃貸経営リスクが高い郊外住宅地で建築することは、家賃の下落や空室率の上昇はもちろんのこと、取引利回りの相場が高くなることで収益価格の下落も招きます。１つ目のポイントの低容積率エリアとあわせて土地活用には向かない理由として知っておいていただければと思います。

Ａさん

数字を使った説明で何度か聞かないと理解できない部分もありましたが、小さな建物しか建てられない、なおかつ郊外にある土地の有効活用は要注意ということですね。

緒方

はい、そのようにご理解いただいて構いません。先祖代々の土地をお持ちだと何もしないのはもったいないとか、次世代まで承継したい等々、いろんな思いがあると思います。一方で、先ほどの例のように具体的な分析をすることで、ある程度は数字の予測ができますので違った視点もみえてくるはずです。Ａさんの思い、そして分析結果をバランスよく考えることで後悔のない土地活用が実現できると思いますよ。

まとめ

郊外の戸建て住宅が多数建ち並んでいるような住宅地は典型的な地主さんが持っている土地だと思います。これまではアパートやマンションの建築をすることで相続税評価額が下がることにばかり注目して土地活用が進められてきました。

しかしその一方で、取引利回りの相場から算定される収益価格の視点でみれば、含み損となる事例を私は多数みてきました。賃貸住宅のニーズがあるエリアであっても、土地活用に向かない土地もあるので、しっかりと事前に分析をおこなってから実行することをお勧めします。

なお、Ａさんのアパート建築は見送りとなりましたが、別案として資産の組み換えと、どうしても建築したい場合の方法として戸建て賃貸を提案いたしました。資産の組み換えについては５章で解説いたします。

コラム

戸建て賃貸の可能性

Ａさんのアパート建築による土地活用は見送りとなりました。賃貸住宅のニーズはあるものの、そもそも土地自体が郊外にあり、低容積率で土地活用に向かない土地であったことは、すでに述べた通りです。

このような場合、私は**戸建て賃貸**に可能性があると感じています。ここでは、そのメリットとデメリットをみてみましょう。

〈戸建て賃貸のメリット〉

戸建て賃貸のメリットとしては、まず入居対象者が単身者ではなくファミリーのため、必ずしも駅近である必要はありません。また、単身者と比べれば入居期間が長くなる傾向があります。特に、子育て世帯ですと子供の通学の都合もありますので長期の入居が見込めます。

また、運営面でのメリットもあります。マンションのように共用部分がありませんので、電気代や維持管理費も少額ですみます。建築費の面でも共用部がなく、施工部分がほぼ賃貸対象面積であるため、余計なコストがかかりません。

相続対策の節税面でもメリットはあります。土地の貸家建付地評価減はアパートやマンションと同様に適用されますし、建物についても同様に評価減の効果があります。

そして、戸建て賃貸の最大のメリットは、将来の売却を考えた際に、空室時には中古住宅として販売ができるという点です（図1-4）。賃貸中のアパートやマンションは収益価格での販売となるため、含み損を抱える可能性があることはすでにお伝えしましたが、戸建て賃貸も賃貸中は原則、収益価格での販売となります。しかし、空室となれば中古住宅として販売することができますので、収益価格よりも高い価額で販売することができるのです。

また、戸建て賃貸は、それぞれの土地を分筆しておけば、アパートやマンションは一棟単位での売買が基本ですが、必要に応じて一部を売却することも可能です。

図1-4　戸建て賃貸のメリット

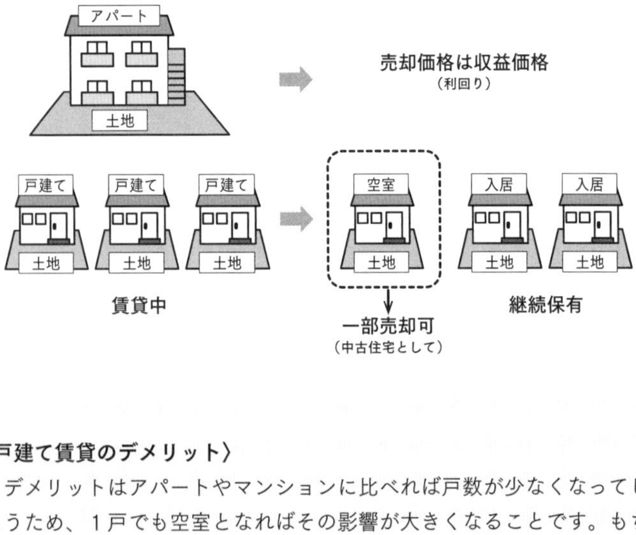

〈戸建て賃貸のデメリット〉

デメリットはアパートやマンションに比べれば戸数が少なくなってしまうため、1戸でも空室となればその影響が大きくなることです。もちろん他にも賃貸物件を保有していればさほど大きなデメリットとはなりません。

ファミリータイプの物件は単身者向けに比べれば面積が広くなるため賃料総額自体は大きくなりますが、逆に賃料単価でみると単身者向けの物件よりも低くなります。よって土地建物の事業総額に対しての利回りは低くなる傾向にあります。

ただし、長期入居による空室減や、運営コストが小さいといったメリットがあるため、営業純利益（NOI）はアパートやマンションに比べて、必ずしも低いとはいえず物件次第です。エリアによっては、戸建て賃貸自体の供給が少ないため、高い賃料が設定できる場合もあり、そのような場合はアパートやマンションに比べて遜色ない収益性が見込める可能性もあります。

戸建て賃貸の特徴まとめ

（1）メリット

- 入居対象がファミリーのための単身者に比べて入居期間が長い。
- 共用部がないため運営コスト、建築コストが低い。
- アパートやマンション同様に土地の貸家建付地評価減が可。
- 空室時には中古戸建て住宅として販売可。
- 複数戸あれば資金需要に応じて一部の売却が可能。
- アパート・マンションに比べれば供給が少ない（図1-5）。

（2）デメリット

- 利回り（土地建物に対して）はアパートやマンションに比べて低い。
- アパートやマンションに比べれば戸数が少ないために空室時のインパクト大。
- 賃料単価はアパートやマンションに比べて低い傾向。

図1-5　東京都の賃貸掲載物件一覧

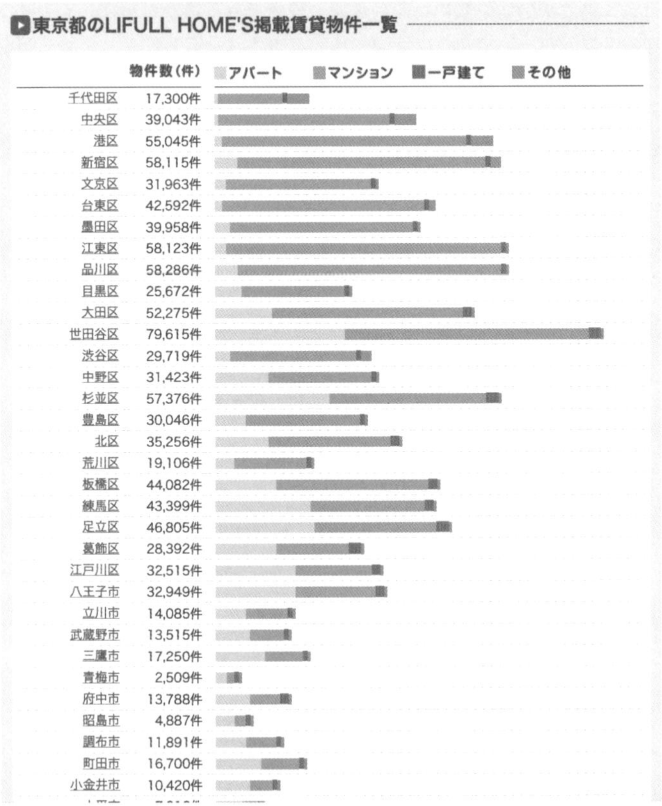

出典：LIFULL HOME'S「見える！賃貸経営」（2023年10月13日時点）

2章

損をしない土地活用のための基礎知識

住宅着工戸数増加の背景

賃貸経営の成功には安定した入居需要と供給のバランスが重要であることはいうまでもありません。図２－１は国土交通省が定期的に公表している貸家の着工戸数データをグラフにしたものです。貸家の着工数には増減がありますが、これは需要と供給のバランスというよりも、社会的な背景が影響していると考えられます。

例えば2015年、2016年は前年比で増加に転じていますが、これは2015年の相続税の改正が影響しているといわれています。2015年は基礎控除額引き下げ、最高税率の引き上げがありましたので、相続税負担を強いられる地主向けにアパート・マンションメーカーが、“節税対策”を売りにして、営業を強化した結果、着工数が増加したのでしょう。

また、2020年までは前年比減少傾向にあった着工数が翌年から増加に転じ、2022年度までは増加傾向にありました。まさに、コロナ禍で増加に転じたわけですが、これは大規模金融緩和による低金利を背景として、コロナ禍でも安定した需要が見込める賃貸住宅経営に資金が流入したのです。このように不動産は多額の資金が必要となるため、金融や税制の影響を大きく受けます。日本は2008年からすでに人口減少社会へ突入しているのですから、住宅不足を背景にして着工が増加するというわけではないのです。それゆえに、土地があるから賃貸経営をとは安易に考えず、長期的に経営が可能かどうか？　安定した収益が確保できるか？　など複合的な視点での分析が必要なのです。

図2-1　貸家の着工数

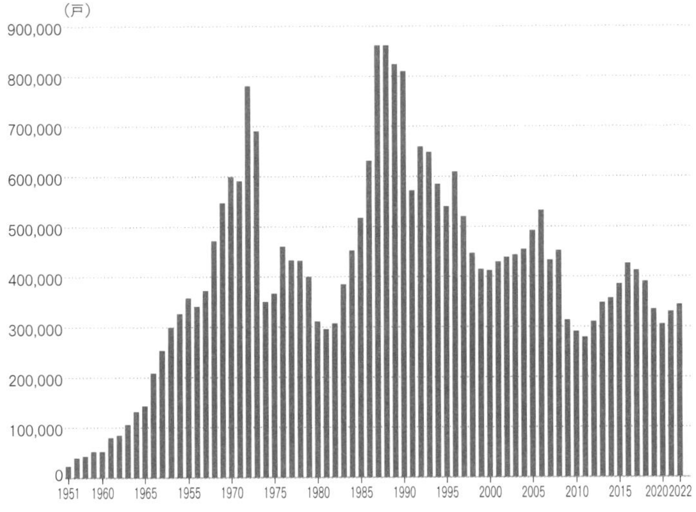

出典：国土交通省「建築着工統計調査報告」より作成

築30年超え物件の大規模修繕負担の悩み

地主さんの保有不動産でよく見かけるのが築30年以上の築古物件です。図２－１をごらんの通り、貸家の着工数は1990年前後の80万戸時代にピークを迎えます。当時の大家さんといえば、土地持ちの地主さんを中心とする個人の大家さんが多かった時代です。一方、現在はその半分以下の30万戸台で推移しております。そのような背景もありますので、築30年前後の物件を多くの地主オーナーが保有しているのは当然のことです。むしろ現在も売却せずに保有しているということは、なんとか修繕を繰り返し、相続も乗り越え保有している状況だといえます。

とはいえ、築年数が経過した物件の修繕費は定期的に発生します。築30年ともなれば家賃収入はそれほど上がらないにもかかわらず、修繕費は定期的に発生するでしょう。そんな悩みを抱えているところに、土地活用の新築提案がきます。

「修繕費もかからないし、10年間のメーカー保証があり入居者には困りませんよ」と。そんな思いがかさなると土地活用で、新築物件はとても魅力的な商品に思えるわけです。そこで、何もしないのはもったいないから建築しようとなるのです。

ここには２つの問題があるように感じます。１つはこのような築年数が経過した物件をリノベーションしたり、経営改善を提案するパートナーがいないこと。また、パートナーが仮にいたとしても現金が不足しているため、修繕費にかける余裕がない経営状態にあること。

２つ目は賃貸経営を拡げようと思っても土地活用しか選択肢が思いつかないこと。また目的に応じた物件購入や、融資提案、相続対策ができるパートナーがいないことです。

築30年ともなれば融資の返済もほぼ完了しています。また、そのうえで土地活用ができる土地を保有していれば、現金は不足していても、多くの資産を保有しているため経営改善の方法はいくらでも考えられるはずです。修繕費の不安から安易な土地活用に走ることなく、現状の課題把握と将来設計をしっかりと分析してから取り組むことが重要です。

金融機関からみた土地活用融資

１章では土地活用で含み損を抱える可能性や、土地には土地活用に向いている土地、向いていない土地があることにふれました。しかし金融機関は土地活用に向いていない案件に融資をしないわけではありません。ここで土地活用に対する金融機関側の見方を考えてみましょう。１章で土地活用でも収益価格の視点を持つ重要性をお伝えしましたが、金融機関が抑えるポイントは、第１に融資の返済が可能かということと、万一返済が滞った場合に担保となる土地建物で残債（借入残高）が回収できるかということです。

図２-２は土地活用の融資と、不動産投資（土地と建物を新たに購入する）の融資を比較した図です。土地活用の特徴は土地をはじめから保有しているため、土地は融資対象とはならず、融資対象は建物のみであるという点です。一方で、不動産投資は土地と建物全体が融資対象になります。

担保はどうかというと、土地活用でも不動産投資でも、金融機関は土地建物すべてを担保にとります。図を見ると一目瞭然ですが、土地活用の場合の融資対象は建物のみであるにもかかわらず、担保は建物だけでなく、土地建物すべてが対象となるのです。

図2-2　土地活用と不動産投資の融資の違い

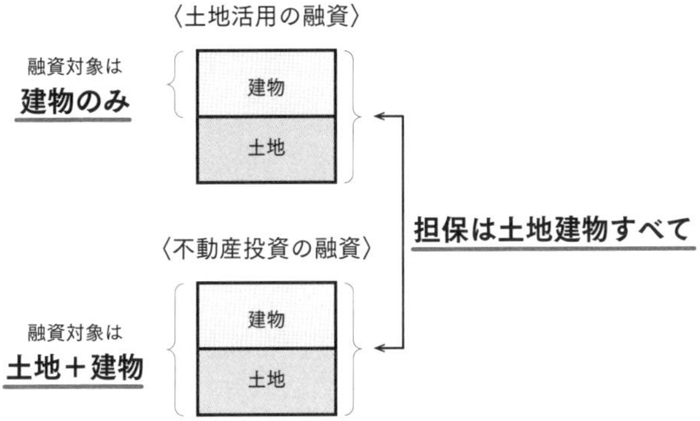

私は実務でいずれの融資も取り扱ったことがありますが、土地活用の融資は融資額に比べて担保の量がとても大きいので比較的簡単に進みます。多少立地が悪くても、金融機関からみれば返済も少なく、担保での保全は十分ですから土地活用の融資は実行できるのです。土地オーナーにはまずはこの考え方を理解してもらいたいのです。「建物全額に融資が出る＝収益性が高い」という意味ではないのです。

不動産投資の融資についても少しふれておきましょう。土地と建物全体が融資対象とはいえ、全額が融資されるわけではありません。物件にもよりますが、都市銀行や地方銀行、信用金庫等で、全体の70％から80％程度の融資は見込める場合が多いです。残りは自己資金で対応することになります。土地建物全体の70％程度の融資としても、土地活用に比べれば少ない自己資金で不動産を取得できる利点があります。賃貸経営を拡大するには優良な物件取得と、低金利かつ豊富な資金調達が欠かせません。なお、土地活用の代替案として資産の組み換えをお勧めしておりますが、資産の組み換えが効果を発揮する背景にはこのような融資の考え方があるのです。

新時代の土地活用は“建築しない”で資産防衛

本書は土地活用を切り口にして、賃貸経営や相続対策をしながら資産を増やすためには、具体的にどうすればよいのかをテーマにしています。地主が所有する土地に建物を建てるという土地活用とは一体どのようなものなのか？　改めて考えてみましょう。

例えば、土地を所有していればアパートやマンションを建築して、入居があれば収益を得ることができますし、商業ビルやオフィスが建築できような立地であればテナントとして企業を誘致することもできます。また、公共用地であれば市民が利用できる公園や施設の建設をすることで地域に貢献することもできるでしょう。

土地の活用方法には賃貸、売買、建築など、**貸す・売る・建築する**の３つの方法があります。これまでの土地活用は「建築する」ことが前提で、建築した後、将来の売却までを視野に入れた土地活用ではなかったように思います。たとえ売却の想定をしないとしても、将来の資産価値など想定すらしていなかったのではないでしょうか。

私が本書で提唱する**新時代の土地活用**とは、資産全体の運用方針から逆算し、建築ありきではなく、**土地＝資産**ととらえて、その資産を戦略的に運用する方法です。ですからあくまでも建築は資産運用の選択肢の一つでしかないのです。

新時代の土地活用とは何なのか？　本書では建築しない選択肢も含め、戦略的に考えて資産運用を実行していくことを提唱したいと思います。

土地活用の３つの選択肢

【A：建築する土地活用】

手法：賃貸住宅、貸家、店舗、オフィス、福祉施設等の中長期運用

目的：収益対策、相続対策

【B：建築しない土地活用】

手法：駐車場運用等、いつでも売却できる一時的運用

目的：納税対策、将来の遺産分割対策

【C：新時代の資産活用】

手法：現金化により多目的かつ幅広く運用

目的：借入金返済、遺産分割対策、優良不動産への組み換え

【A：建築する土地活用】

土地活用で選択されることが最も多い方法です。将来にわたって保有したい土地があれば、建築するのも選択肢の一つかと思いますが、安易に飛びつくのではなく収益性や、将来発生し得る遺産分割の対策をふまえた上で実行しましょう。相続税の節税であれば他にも有効な手段はありますし、収益対策も同様に代替手段があります。“建築ありき”とならないように注意が必要です。

【B：建築しない土地活用】

代表的な方法は月極駐車場やコインパーキングの運用です。これらは将来の納税や遺産分割に備えた一時的な活用であることが多いのではないでしょうか。収益性は決して高くありませんが、それでも保有コスト（固定資産税や都市計画税等）以上の運用益は見込める土地活用ですので、トータルでマイナス運用にはならないでしょう。ただし、いつでも更地に戻せるような運用では相続税評価額の圧縮はそれほど期待できませんから、相続税率が高い場合には要注意です。いずれにしても、将来的な納税や遺産分割の対策をふまえて判断すればよいでしょう。

【C：新時代の資産活用】

保有することに固執せず土地を売却して現金化することで、多目的かつ幅広く運用する方法です。日本においては人口減少期に突入し、都市化や社会経済的な格差が広がり、地価二極化といわれる時代になりました。

そんな時代においては、保有する不動産が複数ある場合には、リスクとリターンを最適化すべく好立地の不動産資産を組み入れて運用することが重要な戦略となります。建てることが目的となった無理な土地活用を見直し、借入金の返済や優良不動産への資産組み換え等、将来を見据えた運用方針のもとに能動的に活用していく方法になります。

土地活用＝建築が従来の発想ですが、新時代の土地活用では、「土地の価値＝資産」ととらえます。そして最終的にその資産を運用することが土地活用の本質です。戦略的に資産運用をしていくことが、結果的には先祖から受け継いだ大切な資産を減らすことなく、むしろ増やすことで次世代へと承継していくことができる手段なのです。

安易な土地活用には大きなリスクが潜む

私が知っている土地活用の事例には成功事例だけでなく、残念な失敗事例もいくつかあります。同じような失敗をしないためにも、土地活用をお考えの読者の皆様にはぜひ参考にしていただきたいと思います。

失敗事例①

築14年で解体した、賃貸併用２世帯住宅

１つ目の事例では、親子で一緒に住めるように２世帯住宅にして、なおかつ賃貸収入も得られるようにと２戸の賃貸住宅を併用したものの、わずか14年で解体することになった失敗事例です。

土地活用を検討するような土地は、考え方次第では広さも用途も自由に設計することができます。一般的に自宅部分は30坪程度あれば十分な広さですが、せっかくなら子供世帯と一緒に２世帯住宅にしたいという場合もあるでしょう。２世帯住宅は将来の親世代の介護問題や、子育て中の負担軽減といった親子双方にメリットがあります。他にも、元気なうちに一つ屋根の下に暮らすことで安心感が生まれ、思い出もたくさんつくれますから、お金に変えられない貴重な時間をつくることができ

ます。

一方で、住宅ローンを利用すると毎月の返済が生じるので、一部を賃貸にして貸そうという場合もあるでしょうし、実際そのように建築メーカーから提案されることもあるでしょう。ただし、安易な選択は禁物です。なぜなら、住宅の一部でも賃貸住宅にして第三者に貸すということは、借家権が発生し建て替えや売買をする場合は、入居者の立ち退きなどが必要になってくるからです。

この事例では親世帯が亡くなったあと、子世帯も２世帯住宅に住まなくなり、最終的には２戸の入居者の退去を待って物件を売却し、遺産分割をしたという事例です。売却時は築後まだ14年でしたから、建物も綺麗ですぐにでも住めるような状態でした。中途半端な賃貸併用２世帯住宅を購入して住むニーズは少なく、結果的には解体して賃貸マンションを建築する企業が購入することとなりました。売却価格は当然ですが更地価格から解体費相当分を差し引いた金額となり、建築費は14年間で消えてしまったことになります。

仮に、私が相談を受けていたら迷わず２世帯住宅部分と、賃貸部分は別棟に分けた建築を提案したでしょう。分けて建築することで、賃貸部分と２世帯住宅部分を別々に活用したり、売却ができるメリットがあります。２世帯住宅部分はまだまだ居住できますので、リフォームして中古の一戸建て住宅として賃貸したり、売却することもできたでしょう。また、賃貸住宅部分は土地の容積率を活かせば木造３階建て程度の建物が立つ立地でしたから、中途半端な２戸とせず、６戸位の賃貸アパートにしてもよかったと思います。そうしておけば売却の際には更地価格＋建築費の残存価格程度は十分回収でき、遺産総額も数千万単位で増えていたはずです。

図2-3　失敗事例①と別棟提案

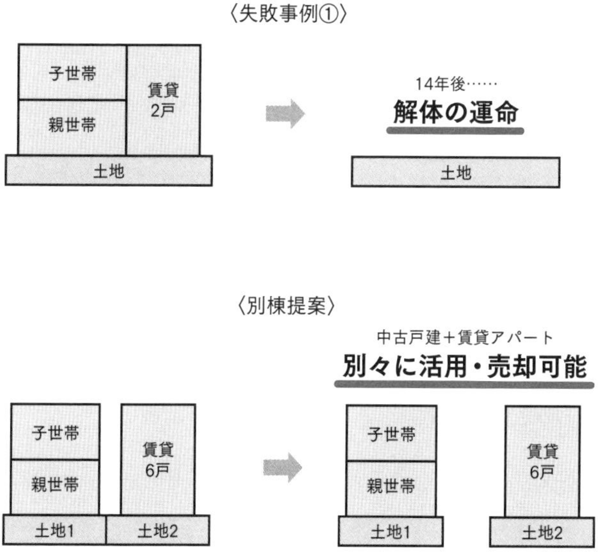

失敗事例②

東京23区バス便賃貸マンションが満室でも大幅含み損

２つ目の事例では、東京23区内にあるもののバス便を利用しなければならない立地の賃貸マンションです。

東京23区には駅から20分以上も歩けばまだまだ畑や大きな敷地があります。そこの地主さんには建築メーカーからの提案営業があり、次々に賃貸住宅が建築されています。

この事例の建物は鉄筋コンクリート造で重厚感あるタイル貼りの賃貸マンションです。駅からバス便の利用になり、間取りは２LDKで家賃の単価は坪7500円程度となっています。

この物件の募集状況をみても空室は１戸程度と高稼働物件のようです。実は、ここまでの情報だけでも、私からすればどのような経営状況にあるかはある程度、想定ができます。登記簿等から建築費や融資額を想定すると土地建物は以下の内訳と査定しました。名義は地主さんが個人名義で建築していますから、個人の相続税評価額圧縮目的での土地活用でしょう。

計画概要

【土　地】**500坪　路線価から推測すると更地価格は４億円**

【建　物】**480坪　新築時**（７年前）**の建築費を坪100万円として建築費４億8000万円。融資は建築費相当分と同額を都市銀行で借入**

【土地建物総額】**８億8000万円**

【年間賃料】**3400万円**（坪単価7500円）

【表面利回り】**年間賃料／土地建物総額＝3.8％**

収益価格算出

このエリアの築７年相当の賃貸マンションの取引利回り：6.5％

【収益価格】**５億2300万円**（3400万円／6.5％≒５億2300万円）

→新築時含み損３億5700万円（８億8000万円－５億2300万円）

この事例の場合、建築することで確かに相続税の負担は減ったかもしれませんが、３億円以上の含み損を抱えてしまっています。３章で詳しく説明しますが、節税の基本は相続税評価額は低いが、資産価値は高い資産を取得することです。今回のケースでは相続税評価額は低いが、残念ながら資産価値は相場価格よりも68％も割高（８億8000万円／５億2300万円）な不動産を買って（建築して）しまったということになります。

現在もこの地域では同様の土地活用の事例が増えています。地域的に入居のニーズがあり高稼働ですから管理会社（もしくは賃料保証会社）は管理戸数が増えてよいのでしょうが、実はオーナー側はかなりの含み損を抱えてしまっているかもしれないという現実があることに、本書を通じて気づいていただければ幸いです。

賃貸経営成功の５つのP
——不動産運用のパートナーはいますか？

賃貸経営は高度成長期の住宅需要を背景に、地主さんの土地にアパートを建築することで普及してきました。図２-４は貸家着工数を建築主別の「個人」「会社」に分けてグラフ化したものです。1980年頃は約６割が個人で、会社は１割程度であったところ、何と2020年頃には個人、法人共に50％程度になり、拮抗した状態へと変わりました。このグラフが意味することは、比較的リスクコントロールがしやすく収益も安定している賃貸経営業界に、企業の参入が増えているということです。加えて、全体の着工数の減少と人口減少も影響し、今後の賃貸経営市場はより競争が激化する時代に突入したといえるでしょう。

そんな時代においても生き残るために必要な「賃貸経営成功の５つのＰ」というものがありますのでご紹介します。５つのＰはマーケティング戦略を立案、実行する際に使われる４つのＰにPartner（パートナー）を加えた**①Place（立地）、②Product（物件）、③Price（価格）、④Promotion（販促）、⑤Partner（パートナー）**になります。

図2-4　新設貸家着工戸数に占める建築主別の割合の推移

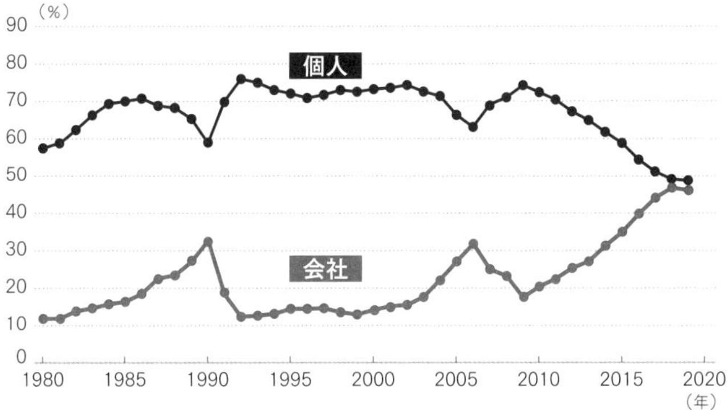

出典：住宅着工統計（国土交通省）

①Place（立地）：

賃貸経営上最も重要な要素は立地です。

自分が住むための不動産であれば個人的な好みで立地を選定してもよいのですが、賃貸経営となると収益事業ですので安定した収益性が不可欠です。そのため利便性がよく、生活環境が充実した立地の優位性はより高くなるといえるでしょう。賃貸経営にとって立地は収益性の基盤となる重要な要素なのです。安定的な賃貸ニーズがあれば駅から遠くても経営は成り立つかもしれませんが、出来れば駅10分圏内の物件を選定するのが理想といえます。

②Product（物件）：
時代のニーズに即した物件に仕上げましょう。

建築には鉄筋コンクリート造や木造、鉄骨造等の構造種別から間取り、デザイン、設備、眺望といった要素があります。賃貸経営では特に建築的な外観や、間取り、インテリアデザイン、設備のグレード、セキュリティー等で差別化ができます。ただし、やみくもにグレードアップをすればよいというわけでもなく、やはり立地や賃料帯などの要素を考慮して最適な選択をする必要があります。

また、築年数が経過した物件は適切にリノベーションを実施し、収益とコストのバランスをうまくとりながら、時代のニーズに即した物件に仕上げることが重要です。

③Price（価格）：
入居者の部屋選びで重要な要素が賃料です。

オーナーからみれば賃料は高い方がいいのですが、相場に比べて高すぎると入居者が入退去を繰り返す可能性があります。一方、昨今の資材高騰によるインフレ期には経営上は賃料の増額交渉をすることも必要かもしれません。わが国は借地借家法の影響もあり賃料が上げにくい環境ですが、常に適切な賃料設定をおこない、収益の向上のタイミングを逃さないことが重要です。

④Promotion（販促）：
空室対策、入居者募集に強い管理会社を選びましょう。

どんなによい商品でどんなに適切な賃料であっても探し手にその情報が届かなければ当然入居は実現しません。賃貸の入居募集はかつての紙媒体のアナログの時代からネット広告に変わりました。最近ではデジタル化が進み、物件の探し方から案内、契約、入居に至る一連のプロセスの多くがオンラインで完結できるようになりました。また空室対策や築古物件の大規模修繕、適切なタイミングでの売却など、管理会社に期待される業務範囲と内容も多角化してきています。オーナーは空室対策の実行や、物件のプロモーション活動ができる管理会社を選定することが重要です。

⑤Partner（パートナー）：
信頼できるパートナー・専門家はいますか？

最後はやはり“頼れる人”です。どんな仕事も最後は人が介在します。賃貸物件には全くおなじ建物は存在しませんから、物件のことを熟知し、なおかつオーナーの利益を優先してくれる賃貸経営のパートナーが必要です。これは管理会社に限りません。リフォームや空室対策に詳しい専門家、新築する場合は信頼できる施工店、もちろんお金の面でサポートしてくれる税理士さんも大切なパートナーです。

また、相続対策での納税対策や収益対策が必要であれば、私のような不動産運用に詳しいメンバーもチームに加える必要があります。信頼関係を構築し、安心して相談できるチームを作り上げることが成功の秘訣です。

図2-5　賃貸経営成功の5つのP

Place	……	立地条件
Product	……	物件の魅力、デザイン、間取り
Price	……	賃料、募集条件
Promotion	……	販促活動、入居募集
Partner	……	賃貸経営、法務、税務、建築、 売買等のパートナー

以上、５つのＰをご紹介しましたがいかがでしたでしょうか。賃貸経営を経験したことがあるオーナーであれば特別新しいことはなかったかもしれません。しかし、賃貸経営がうまくいかないときはどこかに課題があるはずですので、そんな時には５つのＰを見直していただき、課題解決の糸口にしていただければ幸いです。

最後に私から読者の皆様に一つ質問です。５つのＰのうちどんなに優れたパートナーや、テクニックがあっても改善のしようがない要素があります。どれだかわかりますか？

そうです、答えは**①Place（立地）**ですね。立地は保有している物件の前提条件ですから改善のしようがないのです。入居がなかなか決まらない、将来賃貸経営が継続できるか不安だ、資産価値は維持できるだろうか……。そのような不安を根本的に解決しようとするならば立地そのものを変える資産の組み換えも選択肢にいれるべきです（詳しくは5章で解説します）。

3章

相続対策は「収益力×節税力」で資産を残す

安易な節税対策には要注意

土地活用は相続対策の節税対策の提案として代表的な方法です。しかし、節税のために相続税評価額の圧縮にばかり目がいっていると、相続後も含めた長期的な資産運用の視点からすると損をしてしまう可能性があります。

相続対策の土地活用は資産を増やす資産運用でもあるので、最終的には次世代に渡って資産が増えていくようにすることまで考えて土地活用をおこなう必要があります。以下では、相続税に関する近年の制度変更とマンション節税を中心に説明していきます。

2015年は基礎控除額引き下げと最高税率の引き上げ

2013年に約40年ぶりに相続税法が大改正され、2015年には基礎控除額が引き下げられ、最高税率は引き上げられました。改正前には基礎控除額が5000万円＋（法定相続人の人数×1000万円）だったのが、改正後に3000万円＋（法定相続人の人数×600万円）に引き下げられ、しかも相続税が増税となりました。

国税庁のホームページによれば、2014年時点で約5.6万人だった相続税の課税対象者が、2015年には約10.2万人となり、実に2倍近くにふえました。

また、改正前の最高税率が50％だったものが、改正後は55％にまで引き上げられました（法定相続人の取得金額が6億円超の場合）。海外では相続税は廃止の方向に向かっていますが、日本は逆に納税負担額は増加傾向にありますので、今後は相続税もさらに上がっていく可能性が高いのではないかと思います。

2017年はタワマン課税の見直し

2017年の税制改正では、タワーマンションの固定資産税の課税方法が見直されました。改正以前では、タワーマンションは下層、中層、上層といった階層にかかわらず一律に同じ固定資産税が課税されていましたが、改正後には、階数に応じて固定資産税が増減されることが決まりました。

この決定により、上層階になるにつれて固定資産税の負担が上がり、下層階になるにつれて固定資産税が下がるように変更され、より実態を反映した固定資産税の評価がおこなわれるようになりました。

図3-1　タワマン課税の見直し

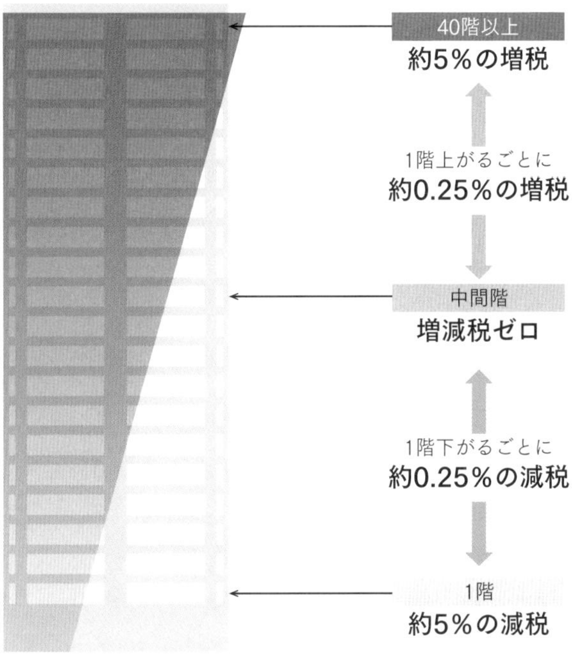

2022年4月19日のマンション節税をめぐる最高裁の判決

不動産を活用した節税に関して大きな衝撃を与えたのが2022年4月19日の最高裁による判決です。

本件では、被相続人のAさん（享年94歳）が相続発生前に2棟・約13億8700万円のマンションを購入し、相続発生後に3名の相続人が相続の手続きをして、相続税評価額が約3億3000万円となりました。しかし、Aさんには10億円ほどの借り入れがあったため、負債として相続税評価額から差し引かれました。最終的には相続税の基礎控除額以内に収まったため、相続税の支払いは0円となりました。

ところが、数年後に国税庁から相続人へ更正処分（納税額の修正もしくは決定をする手続き）と、それに伴う賦課決定処分がおこなわれました。これにより、2億円以上の追徴課税の決定がなされたのです。相続人はこの決定に対して国税不服審判所へ処分取消しを求めましたが請求が棄却されたため、東京地裁に提訴し、最終的には最高裁まで争われました。しかし、原告の相続人は敗訴し、追徴課税が最高裁によって追認されたのです。

この判決でのポイントは、最高裁がマンションの購入と借り入れなどを明らかな相続対策として認定していること、これらの相続対策がなされていなければ課税価額は6億円であったとされ、国税庁による追徴課税を妥当であると判断したことです。

相続対策に認定された一連の行為について、具体的な違法性の論旨が示されていなかったため、非常に議論を呼ぶ判決となっています。

ちなみに、相続人は相続不動産を相続後9カ月で売却していました。相続対策として不動産を売却する場合でも、相続後あまりにすぐにおこなってしまうと、相続税逃れとしてとらえられてしまう可能性が高いので注意が必要です。

マンション節税、算定法見直しへ

現在、国税庁はマンションの相続税評価額の算出方法の見直しを進めていて、税負担の公平性の観点から市場価格が高い高層階ほど評価額が高くなる算出方法を検討しています。すでに市場価格の6割以上の評価額にする方針が打ち出されており、今後固定資産税の評価額のルールが変更されると、タワマン節税の相続対策としての節税額は下がることが予想されます。

節税にだけ目を向けていて、資産を増やすことに無関心でいると痛い失敗をすることになりかねません。むしろ、相続税をある程度は支払う前提で準備をする、そして相続税を支払ってもなお資産が増える状態にしておく必要があるといえます。

相続対策を始める前の資産の棚卸し

土地オーナーの多くは、全体の資産の状況を漠然としか理解していないのが現実ではないでしょうか。全体の資産状況を把握するには、各物件の賃料収入や運営費、借入の状況、相続税評価額から時価評価等、そして契約書や権利関係の確認も必要になります。

もし、何も準備していない状況で相続が発生してしまうと想定外の高い相続税負担となり、納税資金を急ぎ確保するために現金化しやすい優良不動産から売らざるを得なくなってしまうことが多いようです。そのような状況を避けるためにも日頃から資産全体の現状を把握し、分割対策、納税資金の確保、節税対策を総合的に検討しておくことが大切です。

そこで作成いただきたいのがROA分析表と言われる資産一覧表です。ROAとは総資産利益率のことで「Return On Assets」の頭文字から取った略称です。複数の不動産を保有する資産管理会社でも個人でも財務分析の一つとして作成をお勧めしています。

当社での作成フォーマットを参考までに図3-2に添付しました。縦軸に物件の種別、横軸には資産の評価、収支、キャッシュフロー、借入等を入力します。主な項目について解説します。

○**物件名称**：自宅、賃貸住宅、駐車場、貸地、畑等、現在の利用状況を入力します。

○**土地・建物面積**：登記簿や固定資産評価証明書等の地積ですが、確定測量図があればより正確です。測量が実施されていない土地は誤差が生じますので早めに測量を行いましょう。

○**相続税評価額**：土地の価格は路線価を基に、建物は固定資産評価額を入力します。税理士等の専門家が算定します。

○**時価評価**：市場で流通させて取引が成立する市場価格です。自宅や、駐車場等は周辺の相場価格からおおよその算定をします。アパートやマンション等の賃貸中の物件は収益価格で算定します。

○**キャッシュフロー算定**：現況の満室賃料、空室損と運営費を除いた営業純利益（NOI）を入力します。営業純利益の算定は時間がかかるかもしれませんが、細かく調べればかなり正確な値が算定できるはずです。借入金は返済表から現在の返済額、融資残高を入力します。

○**実質利回り**：各物件の実質利回りを時価評価ベースで算定します。保有物件の収益性を個別に表し、全体の実質利回りも算定することで全体の収益性を確認できます。

図3－2　ROA分析表①

作成：2023年○○月○○日

物件名称	所在地	土地	建物	相続税評価額		
		㎡	㎡	土地	建物	合計
自宅	○○区○○	○○㎡	○○㎡	○○○○円	○○○○円	○○○○円
Aマンション	○○区○○	○○㎡	○○㎡	○○○○円	○○○○円	○○○○円
Bマンション	○○区○○	○○㎡	○○㎡	○○○○円	○○○○円	○○○○円
駐車場A	○○区○○	○○㎡	○○㎡	○○○○円	○○○○円	○○○○円
駐車場B	○○区○○	○○㎡	○○㎡	○○○○円	○○○○円	○○○○円
底地	○○区○○	○○㎡	○○㎡	○○○○円	○○○○円	○○○○円
畑	○○区○○	○○㎡	○○㎡	○○○○円	○○○○円	○○○○円
		○○㎡	○○㎡	○○○○円	○○○○円	○○○○円

物件名称	貸借対照表(B/S)			
	CR	時価評価	残債	純資産
自宅	○.○%	○○○○円	○○○○円	○○○○円
Aマンション	○.○%	○○○○円	○○○○円	○○○○円
Bマンション	○.○%	○○○○円	○○○○円	○○○○円
駐車場A	○.○%	○○○○円	○○○○円	○○○○円
駐車場B	○.○%	○○○○円	○○○○円	○○○○円
底地	○.○%	○○○○円	○○○○円	○○○○円
畑	○.○%	○○○○円	○○○○円	○○○○円
		○○○○円	○○○○円	○○○○円

図3－2　ROA分析表②

物件名称	損益計算書（P/L）				
	満室想定収入	表面利回り	NOI率	営業純利益NOI	実質利回り
自宅	○○○○円	○.○%	○○%	○○○○円	○○%
Aマンション	○○○○円	○.○%	○○%	○○○○円	○○%
Bマンション	○○○○円	○.○%	○○%	○○○○円	○○%
駐車場A	○○○○円	○.○%	○○%	○○○○円	○○%
駐車場B	○○○○円	○.○%	○○%	○○○○円	○○%
底地	○○○○円	○.○%	○○%	○○○○円	○○%
畑	○○○○円	○.○%	○○%	○○○○円	○○%
	○○○○円		○○%	○○○○円	○○%

物件名称	キャッシュフロー算定		
	年間返済	/借入	税引前CF
自宅	○○○○円	○○%	○○○○円
Aマンション	○○○○円	○○%	○○○○円
Bマンション	○○○○円	○○%	○○○○円
駐車場A	○○○○円	○○%	○○○○円
駐車場B	○○○○円	○○%	○○○○円
底地	○○○○円	○○%	○○○○円
畑	○○○○円	○○%	○○○○円
	○○○○円		○○○○円

ROA分析表は企業で例えるならば損益計算書と貸借対照表の概略を入力したものといえます。相続税評価額と時価評価の両方を把握することもポイントです。以下にROA分析表から読み取るべきポイントを３つにまとめてみました。

①相続税評価額圧縮効果：

相続税評価額は一般的には時価評価よりも低い傾向にあります。相続税評価額＜時価評価であれば相続税評価額の圧縮効果がありますが、権利関係（底地等）や地型、擁壁等（がけ地）の影響で相続税評価額≧時価評価となる物件も中にはあります。評価額圧縮効果が低い物件を抽出し、今後の対策を検討します。

②収益性と相続税支払い力：

例えば相続税評価額が1000万円で、評価額に対する収益性が２％（20万円）だとします。仮にこの被相続人の方の相続税率が30％だとすると、この不動産を保有していても相続税負担分を回収するのに15年（30％／２％）かかるという意味になります。自宅等の収益が発生しない物件は除き、各物件の収益性をチェックすることで対策が必要となる物件がみえてくるはずです。

③総資産利益率：

各物件の実質利回りが算定できたら、資産全体の実質利回り（ROA）が算定されます。ROAは各物件の運用状況次第ですが、特段の対策を実行していない場合は２～３％のケースが多いように感じます。必要となる利益率は、目標値と必要な時間によって変わりますが、一般的な不動産の収益性を考慮しても４％以上を目指したいところです。

“負”動産と優良不動産の分類

資産の一覧をROA分析表にまとめたら各物件の“収益力”を縦軸に、相続税評価額の圧縮効果の“節税力”を横軸にして、図3-3のように整理することができます。

ポイントは収益性が高く、相続税評価額が低い物件が表右上の「優良不動産」であり、一定の利回りが確保できる賃貸住宅やビル等はこれに該当します。一方、収益性が低いにもかかわらず相続税評価額が高い傾向（節税力が小さい）にあるのが表左下のいわゆる“負”動産です。相続対策上ではマイナス要素が大きく、未利用地や底地等が該当します。所有物件すべてが優良不動産であればいいのですが、なかには収益を生まなくとも必要な自宅などもあります。相続対策を始める際にはまずは各物件の特徴を把握し、この表でどの分類の不動産割合が多いかを把握する必要があります。

図3-3　収益力×節税力による不動産の分類

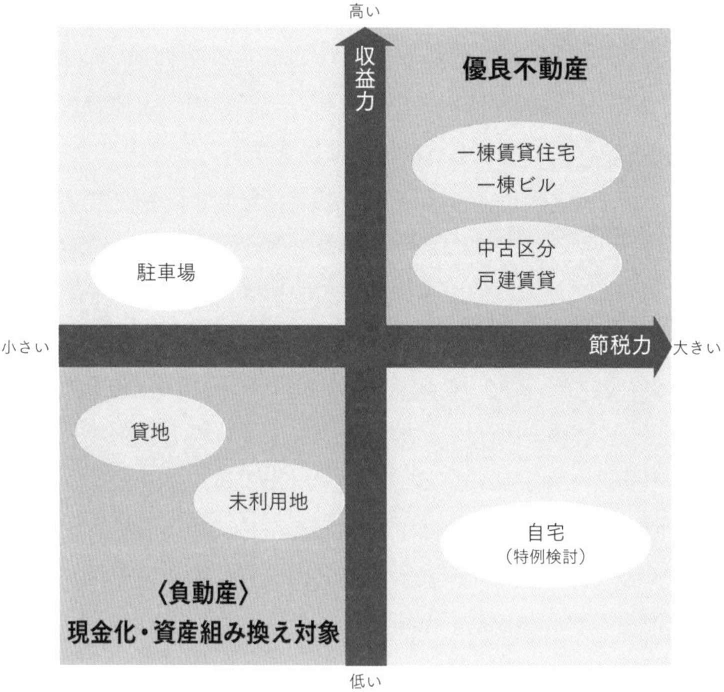

相続対策は 収益力・節税力で資産を残す

相続対策は一般的には分割→納税→節税の順番で対策を進めて、節税対策は最後に実行するということが相続対策の大原則としてとらえられているようです。

確かに節税対策にばかり注目して、本書でも取り上げたような建てることが目的の含み損を抱えた土地活用をしたために、結果として分割対策の失敗から相続発生後に不本意な不動産売却となるくらいなら、最初から何もしなかった方がよかったかもしれません。

ここで改めて節税をするとはどういうことなのかを考えてみましょう。なぜ節税をするかといえば、税負担を軽くして次世代に少しでも多く資産を残すためだと思います。言い換えるならば、節税はあくまでも純資産を多く残すための手段であり、目的は純資産をいかに減らさない対策をおこなうかということにあります。極端なことをいえば、純資産が相続税の負担分よりも増えていれば相続税の負担があっても純資産は減らないことになります。節税をする＝純資産を増やす（収益率を上げる）は表裏一体の関係にあるわけです。

図３-４は相続対策をおこない、純資産と相続税の関係を表

図3-4　10年後の純資産の増減

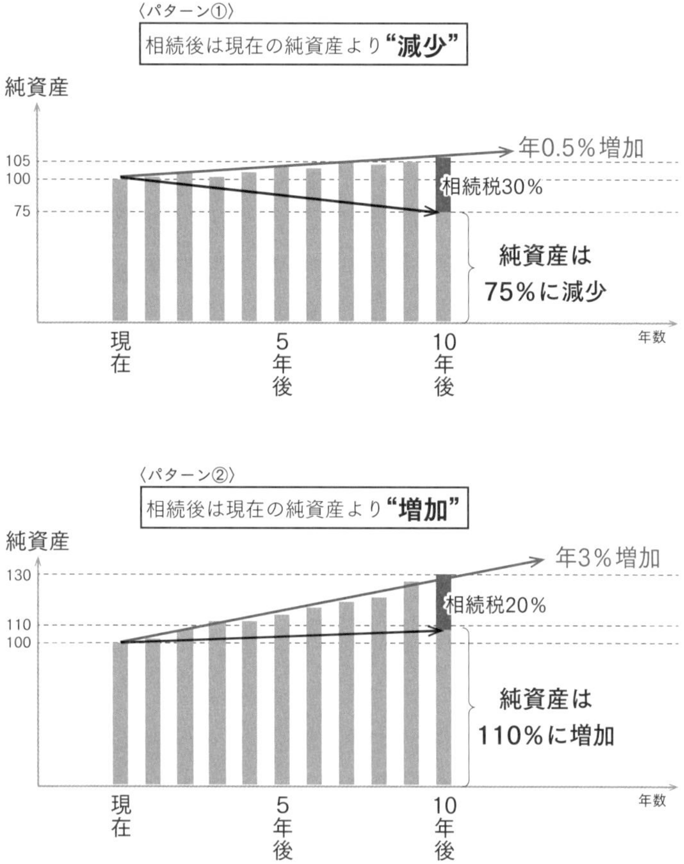

したグラフです。ここでいう純資産とは時価評価ベースでの資産から負債を差し引いた資産を指します。相続税は現金一括納付が原則ですので相続が発生した場合は保有する純資産から納税する必要があります。相続発生後にどれくらいの純資産が残ったかのイメージを２つのパターンで表したものです。

パターン①はできる限りの節税対策をおこなって納税資金を確保し、10年後の相続発生時には30%の相続税を無事納付しましたが、純資産が75%にまで減ってしまったパターンです。純資産の増加率は年0.5%です。

これは、資産の大半が空き地や低収益物件（駐車場、底地等）で、収益力が低く、相続税評価額の圧縮効果も低い、更には資産管理法人の設立もなく個人保有のために高い所得税の税負担となっている、という状況です。

純資産の増加が年間0.5%は低すぎるとの声が聞こえてきそうですが、運営コストや生活費、納税の負担、建てることが目的となった土地活用の含み損等々を考慮すると、むしろ純資産は減少している場合も少なくありません。

結果として、納税はできるものの先祖代々の資産を切り崩して相続をおこなうことになり、財産は減少してしまっています。

一方でパターン②は納税後においても現状から財産が減っていないケースです。パターン①と異なるのは毎年３%程度の純資産が増加している点です。未利用地や低稼働不動産の有効活用、収益性が高い不動産への組み換えを行うことで年間３％程度の純資産増加を実現し、10年後は現在よりも30%の増加、相続税を20%に抑えた結果、現在の110%の純資産が残せるという計算です。逆にいうと毎年３％程度純資産が増加し、かつ相続税を20%程度に抑えることで初めて純資産が減らない想定であるともいえます。

この表からお伝えしたいのは、相続対策を進める際に相続税の金額には着目しますが、そもそも純資産は増えているのか？５年後、10年後はどのように変化するのか？　の視点が抜けている場合が多いということです。資産税に詳しい税理士を味方にするだけでなく、不動産運用の正しいアドバイスができるパートナーを確保することが、新時代の相続対策の必須条件となるでしょう。

先祖代々の土地は守れる

よく“先祖代々の土地を守る”といいます。先祖から代々受け継がれてきた伝統的な家屋や、保存樹木等があるような緑豊かな住環境は残したいものです。仮に売るような事態になれば、戸建分譲や分譲マンション、福祉施設用地等のニーズはあるとしても、大切に保全されてきた街並みや、自然環境はどうしても変わってしまいます。

では、どのような条件を満たせば先祖代々の土地を手放すことなく、次世代へ引き継いでいけるのでしょうか。私は、以下のような条件がそろっていれば“土地は守れる”を実現できると思います。

「土地は守れる」実現の条件

①遺産分割対策ができており、承継する意思がある相続人がいる。
②相続が発生しても納税可能な財務状況である。
③守る不動産の維持管理コストを含めて、不動産経営状態が良好である。

①は生前の内に、誰が本家の財産を承継し維持管理するかに

ついて、熟慮をかさね、あらかじめ対策をしておくということです。これは、分割対策の基本のはずですが意外におろそかになりがちです。予期せぬ財産の共有状態になってしまったり、活用方法の食い違いが生じてしまったり、あるいは不測の事態から資産売却が避けられない状況に陥ることもあります。

このように、分割対策は相続対策の「基本中の基本」になりますが、これができていないと土地を守るどころか失ってしまう可能性もあります。

②と③は経営状態に関わる話です。黒字経営で現金が貯蓄できる状況にあり、相続税を納付してもなお、純資産が減らない節税対策と運用対策ができているという状況です。

結局のところ、相続対策の基本である「分割・納税・節税対策」を生前から実行することは最低限必要なのですが、それだけではなく、さらに黒字経営や十分な現金を稼ぐ運用対策が必要になります。

私の取引先のお客様でも、多くの土地や建物を保有していても、現金や賃料収入が不足しがちなケースをよくみかけます。この点を補うのは投資家の視点に立って、担保力の強みを活かした不動産の運用がポイントとなります。運用収入が豊かなある地主さんは、不動産経営を地元以外の将来性あるエリアへの積極的に水平展開しています。

そのような方は不動産経営の基盤もありますから、例えば東京23区や都心部への不動産購入に対しても金融機関は積極的に支援してくれるはずです。不動産経営はミドルリスク・ミドルリターンですから時間はかかりますが、定期的に良いタイミングを見て不動産運用を拡大することで確実に現金がたまる経営基盤を構築することができるはずです。図3-5はその考え方を図で表したものです。

図3-5　稼ぐ経営で資産を守る

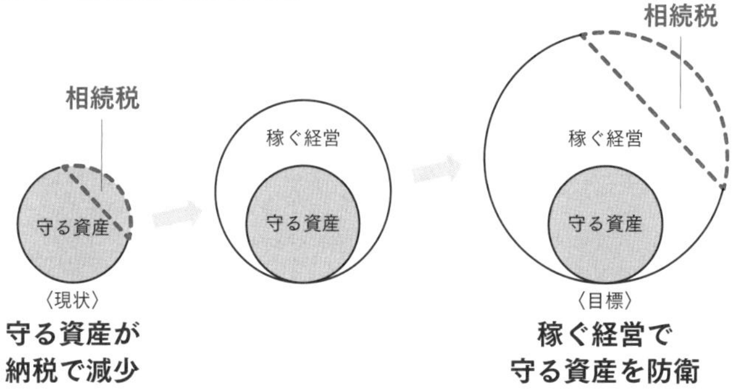

この図にある“守る資産”とは次世代へ承継したい資産を表します。左側は守る資産が相続税によって減少している状態です。節税対策、土地活用、保有資産の有効活用はできていても、相続税はゼロにはなりませんので、結局は守る資産を切り崩している状態です。

意外にも盲点となりがちなのは、守る資産が生み出す収入には上限があるという認識です。少し考えてみればわかるのですが、賃貸経営は土地があって初めて実現できますが、保有している物件をどんなに頑張って最大限活用したとしても収入には上限があるのです。

仮に現状の相続税が２億円として、毎年1000万円の純利益が確保できていたとしても20年間でなんとか納税分が確保できるということになります。大規模修繕等の不測の支出が発生すれば、とたんに納税額は不足してしまいます。

一方、図の右側は「守る資産」に「稼ぐ経営」が加わり、年々拡大し、防衛ができている状態です。節税対策や有効活用はもちろんのこと、新規物件購入や資産の組み換え等を積極的におこない、全体の資産規模を拡大した状態です。これは一定の納税はしつつも守る資産が着実に残せる状態にあるということです。

稼ぐ経営は、守る資産と違って収入に上限がありません。新規で物件を購入しても、売り時のタイミングがあれば、誰の目も気にせず自由に売買することができます。また、賃貸経営が安定した立地の物件を追加することで大きなキャッシュフローは期待できなくても、低金利で受けた融資の残高はどんどん減少し、含み益をうみだしてくれるのです。

そして売り時のタイミングでいったん換金することで貸借対照表（バランスシート）の含み益は現金化し、さらに物件規模を拡大させることができます。こうすることで稼ぐ経営は年々拡大し、守る経営がすっぽり収まるくらいの規模になればもう安心です。

たとえ相続税が課せられても全体の規模が大きいので、先祖代々の土地や建物に手をつけなくても相続を乗り切れる体制になるでしょう。

これこそが私が自信をもってお勧めする“先祖代々の土地を守る”イメージです。賃貸経営はミドルリスク・ミドルリターンですから一定の年月はかかりますが、しっかりと意思をもって進めば着実にゴールに近づくことができるのです。

4章

賃貸経営・不動産投資分析の基礎知識

長期・安定の賃貸経営は市場調査から

長期的に安定した賃貸経営を実現するためには、物件の所有地が賃貸事業に適しているかどうかの見極めが必要です。計画エリアの調査をしようすると、地価の動向や人口予測、貸家着工数、需給バランス、空室率等の様々なデータが出てきます。また、関連書籍やインターネットの記事も数多くありますので、自分で調べようとすれば膨大なデータを入手することが可能です。

ここでは土地活用を検討する際の基本的な知識を提供する「見える！賃貸経営」と「地域経済分析システム（RESAS：リーサス）」という、大変有益な情報満載のサイトを紹介させていただきます（いずれも無料です）。

見える！賃貸経営

住宅・不動産のポータルサイト「LIFULL HOME'S」を運営する（株）LIFULLが提供するサイトです。全国の空室率や利回り賃貸掲載物件数、地価公示、人口増減、家賃相場等の情報がわかりやすくグラフ化されております。

図4－1　全国の賃貸用住宅の空室率一覧

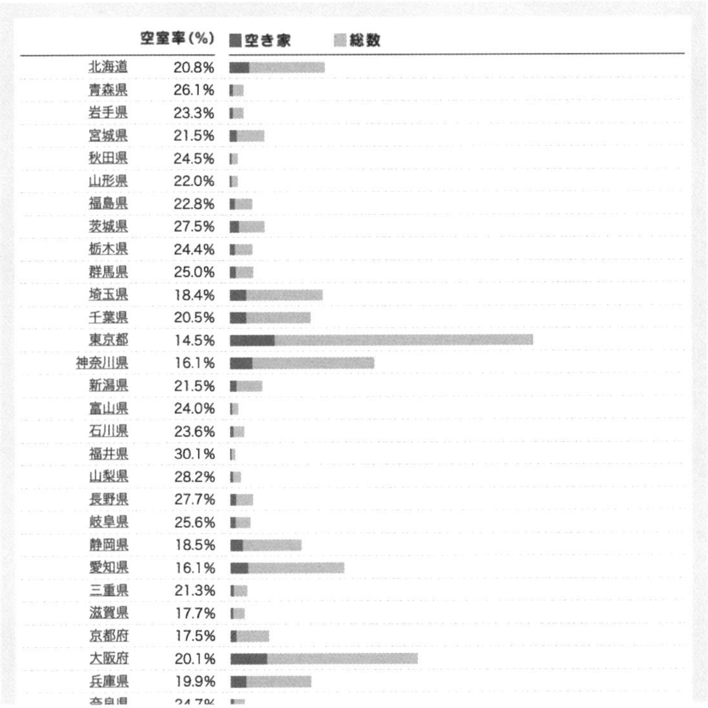

出典：LIFULL HOME'S「見える！賃貸経営」（2023年10月13日時点）

広告掲載がありませんので、快適に閲覧できます。

「見える！賃貸経営」がもつ魅力は、他の情報サイトにはない「想定利回り」が空室率等のデータと共に掲載されている点です。本書では、ここまで土地活用の収益価格の重要性に度々ふれてきましたが、利回りの相場感が全くわからない方はこのサイトで計画地域の利回りの傾向を確認することをお勧めします。

また、間取り毎の家賃相場も掲載されていますので事業収支を作成する際の目安になるでしょう。ただし、築年数の分類はありませんのであくまでも一つの目安としてご覧ください。

もう一つ面白いデータをご紹介しましょう。各地域の詳細データを閲覧していくと、「入居希望者の検索条件」と「掲載物件の状況」の円グラフが参照できます（図４－２）。これを見ると１K、１LDK、２LDK等の物件の内、「検索している人（物件需要）」と、掲載されている「物件（物件供給）」はどの間取りが多いかが簡単にわかります。物件の需要と供給の目安にすることができるでしょう。

図４－２は、東京都杉並区のデータですが、入居希望者の中でワンルーム／１K／１DKを検索している人の割合が60.0%であるのに対して、掲載物件では72.3%と掲載物件の方が若干多くなっています。

ここからは、単身者向けの物件の供給がやや多いということや、逆に２LDKは「検索12.0%＞掲載6.6%」と検索数の方が多く、単身者向けよりもファミリー向けの方がニーズは高いのではないか、といった情報が得られます。読者の皆様もぜひご所有地の間取りの傾向を調べてみてください。

図4－2　賃貸入居者の希望間取り

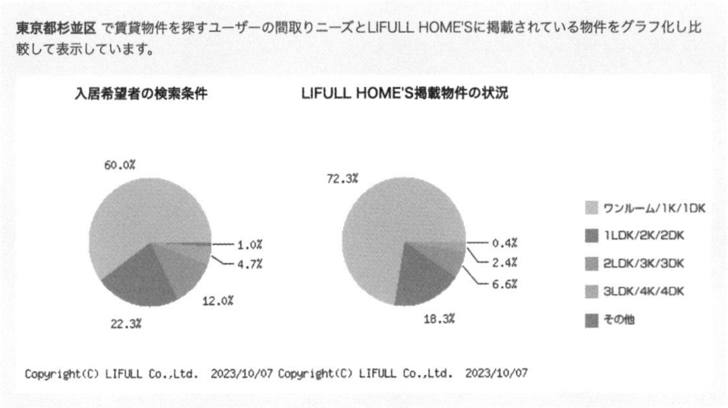

出典：LIFULL HOME'S「見える！賃貸経営」（2023年10月13日時点）

地域経済分析システム（RESAS：リーサス）

このサイトは経済産業省と内閣官房デジタル田園都市国家構想実現会議事務局が提供する公開データです。自治体職員や、地域の活性化に関心をもつ様々な分野の方等が広く活用しているデータです。

例えば人口に関するデータはとても豊富で、人口構成／増減／将来推計等、検索条件を変えることで全国の地域データを詳しくみることができます。

参考までに、総人口の推計データを特徴ある４都府県（東京都、大阪府、秋田県、沖縄県）で抽出してみましたが、人口減少社会といわれながらも増加傾向にある沖縄県や、その影響が微小である東京都、緩やかに減少傾向にある大阪府、減少率が最も大きい秋田県と、数値をグラフ化してみると視覚的に本当によくわかります。

図4－3　東京都、大阪府、秋田県、沖縄県の総人口推計

東京都

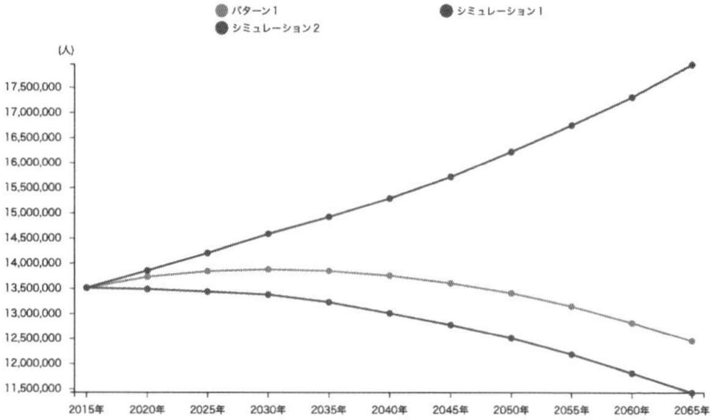

大阪府

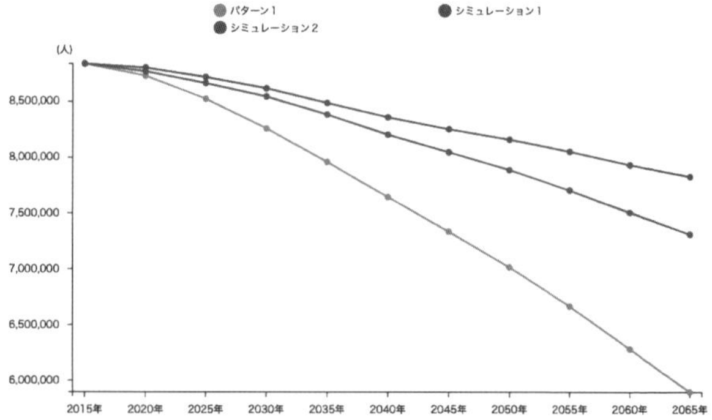

RESASはそのほかにも多くのデータがそろっておりますので、興味のある方はぜひ実際に閲覧してみてください。

秋田県

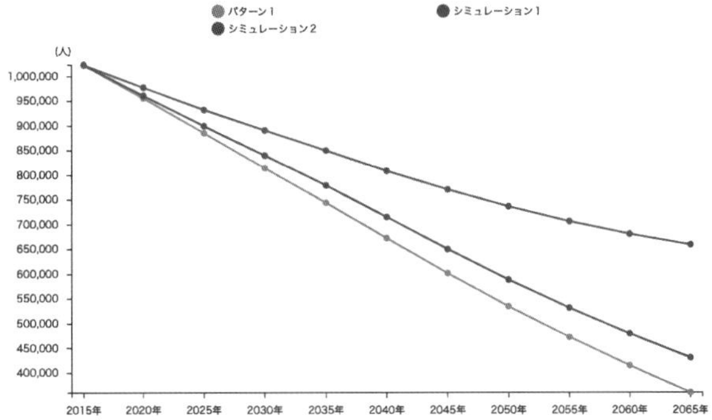

沖縄県

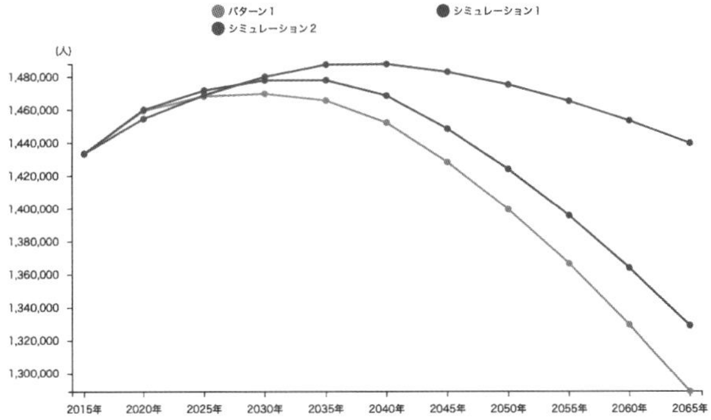

出典：地域経済分析システム（RESAS）

【注記】パターン１：全国の移動率が今後一定程度縮小すると仮定した推計（社人研推計準拠）
シミュレーション１：合計特殊出生率が人口置換水準（人口を長期的に一定に保てる水準の2.1）まで上昇したとした場合のシミュレーション
シミュレーション２：合計特殊出生率が人口置換水準（人口を長期的に一定に保てる水準の2.1）まで上昇し、かつ人口移動が均衡したとした（移動がゼロとなった）場合のシミュレーション。

空室率はデータとヒアリングで調査

賃貸経営を考える上で「空室率」はとても重要な指標ですし、土地オーナーにとっても関心が高い指標だと思います。事業収支を組む際に満室賃料から空室損をどれぐらい見込むか、５％かあるいは10％か？　建築提案をする住宅メーカーの提案書もかなりばらつきがありますので、空室率はしっかりと押さえておきたい指標です。

ただ、一言で空室率といっても様々な調査データが存在します。ここでは２つの空室率データをもとに具体的な検証方法をご紹介します。「鳥の目」「虫の目」「魚の目」に例えられる３つの視点で調べてみましょう。

空室率を“鳥の目”で見る

“鳥の目”とは高い位置から物事を俯瞰的に見ることですが、賃貸経営の需要を考える上で重要となる空室率について鳥の目から考えてみましょう。

その際に参考になる２つのデータがあります。

①「住宅・土地統計調査」（総務省統計局）

②「日管協短観」（日本賃貸住宅管理協会）

①は国が５年毎に調査をしている空室データですが、グラフ化したデータがすでにご紹介した「見える！賃貸経営」に掲載されていますので引用します。

「住宅・土地統計調査」は、国が住宅とその居住状況等の実態を調査したデータですが、空室率が東京都で14.5%、大阪府で20.1%、福岡県で18.9%となっており、実務現場からすると実際よりも高い印象があります。

これは調査の際に調査員の巡回調査が含まれていることや、原状回復工事や定期的な修繕の有無にかかわらず、賃貸用住宅をひとくくりにしたデータですので、それを踏まえて理解する必要があるでしょう。

図4－4　全国の賃貸用住宅の空室率一覧

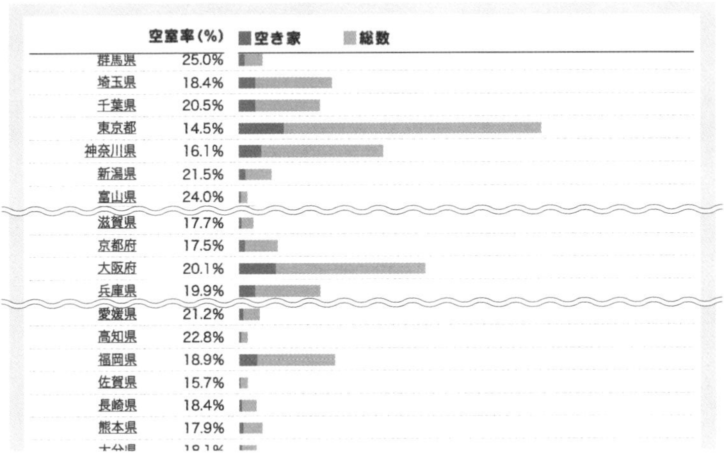

出典：:LIFULL HOME'S「見える！賃貸経営」（2023年10月13日時点）より

一方で、賃貸管理の業界団体である日本賃貸住宅管理協会が実施する賃貸住宅景況調査「日管協短観」によれば、2021年度の首都圏の入居率で97.8％（空室率2.2％）、関西圏で95.9％（空室率4.1％）、全国平均でも96.2％（空室率3.8％）と非常に低い空室率になっています。

これは、日本賃貸住宅管理協会が賃貸管理を専門とする管理会社を中心とした団体であるためです。調査対象が原状回復や一定の維持管理がなされた物件だけであれば、上記の入居率を達成できるのかもしれませんが、同じ空室率データでも調査方法によって大きな違いがありますので、「どちらが正しいか？」というよりも、おおよその傾向を把握することが重要になります。

図4－5　日管協短観「入居率」

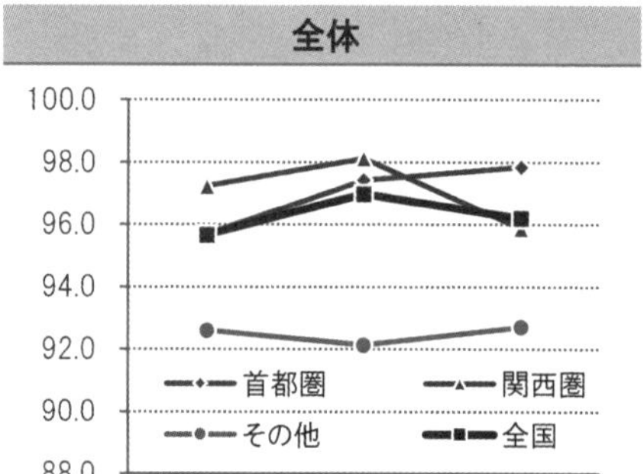

	2020 上期	2020 下期	2021 年度
首都圏	95.7	97.4	97.8
関西圏	97.2	98.1	95.9
その他	92.6	92.1	92.7
全国	95.7	97.0	96.2

出典：第26回賃貸住宅市場景況感調査
『日管協短観』（日本賃貸住宅管理協会）P.15より

空室率を“虫の目”で見る

鳥の目によるデータの次は、「虫の目」でもっと身近な空室率に着目してみましょう。具体的には、周辺地域でアパートやマンションを見て回るのもよいですし、地域の賃貸管理会社にヒアリングしてみるのもよいでしょう。とはいえ、いきなり「この地域の空室率は何パーセントですか？」と尋ねても、すべての管理会社がデータを整備しているわけではありませんから、答えられないこともあるでしょう。

まずは、若手の営業マンでも答えられるように、より具体的なことから尋ねてみましょう。例えば、「原状回復やリフォーム工事を実施して、すぐに貸せる状態で入居者募集をおこなった場合、いくらの家賃で、どれくらいの期間で入居が決まるだろうか？」とヒアリングしてみるとよいでしょう。

「７万円程度で、３カ月もあれば成約すると思います。繁忙期なら１カ月もあれば決まると思いますよ」といった返答がもらえれば、よりイメージがしやすくなりますね。

仮にファミリータイプの物件で入居期間が２回目の更新（４年）で48カ月間の入居、その後次の入居が決まるまでの空室状態が３カ月とすると、入居から次の入居までの空室期間は、３カ月／（入居期間48カ月＋募集期間３カ月）＝5.8％の空室率（これを「稼働空室率」と呼びます）となります。

もし、４カ月かかったとしても、同様の計算で7.7％になります。これくらいの稼働が見込めるのであれば事業収支での空室率を６～８％として算定すればよいだろうとの見通しがつくと思います。ワンルームの物件でも同様の方法で現実的な空室率が算定できるでしょう。

空室率を“魚の目”で見る

最後は“魚の目”ですが、これは潮流を読むということです。空室率が将来的にどうなるか、安定稼働する物件はファミリータイプかそれともワンルームか一戸建てか？　アパートがいいのか、マンションがいいのか？　と未来のことを考えればきりがありません。

大切なことは間違っても20年後、30年後の予測をしようなんて考えないことです。理由は単純で、そもそもそれが無理だからです。もちろんそのような未来予測は、エクセルシートを使えば簡単に作成できますから、否定はしませんが単なる机上の数字でしかないと思った方がよいでしょう。

私は「CPM（米国不動産経営管理士）」や「CCIM認定不動産投資顧問」という資格を保有していますが、これらの資格取得のための講義で学んだことは、アメリカではシミュレーション期間は長期でもせいぜい５年だということです。

例えば、現在計画中のビルが完成して在庫予測ができる程度の未来は予測できますが、それより先は考えようがないのです。これは、考えてみれば当たり前のことですね。こんなことをいうと返済期間35年の融資が完済できないのではないか？　といわれてしまいそうですが、だからこそ５年後、10年後の収益価格と融資の残債を把握しておく必要があるのです。そして、万が一の現金化（売却）を想定してトータルでどれくらいの利益が上がるかをシミュレーションするのです。

“魚の目”でいえば、間取りの潮流から将来の空室率を予測することも必要です。コロナ禍で在宅ワークが増えたエリアであれば、ワークスペースの需要は増えるかもしれませんし、単身者の住まいであれば狭くても住むゾーンと仕事するゾーンを区分けした職住分離のニーズもあるかもしれません。

以上、空室率を“３つの目”で見てみました。空き家が社会問題となり、空室率は今後の賃貸経営においても、ますます重要な指標となります。インターネットニュースにまどわされることなく複合的な視点で見ることがポイントです。

収益価格はこれからの賃貸経営の必須知識

本書では、土地活用の場合でも収益価格が非常に大切であることにふれてきました。収益価格を算出する方法には「直接還元法」と「DCF法」の２つがありますが、ここでは収益価格算定の基本である直接還元法の考え方について詳しく解説します。

例えば、土地建物の総額が１億円のアパートがあって、年間賃料収入が500万円だったとします。その際のこの物件の賃料収入が土地建物総額に対してどれくらいの収益性があるかの指標である表面利回りは、500万円／１億円＝５％となります。

算定：年間賃料収入500万円／土地建物総額１億円
　　　＝表面利回り（５％）

ここまでの計算方法は下記の左側の公式R（利回り）＝I（賃料収入）／V（物件価格）です。比較的容易に想像がつくかと思います。

$$R = \frac{I}{V} \quad \Longleftrightarrow \quad V = \frac{I}{R}$$

RとVを入れ替え

I＝賃料収入(Income)　R＝利回り(Rate)　V＝物件価格(Value)

さて、左側の公式のRとVを入れ替えると右側のV（物件価格）＝I（賃料収入）／R（利回り）となります。

この公式が意味することは、不動産の価値（収益価格）は収入を利回りで割ることで算出できるということです。この3つの数字の関係をアパートやマンション経営で考えてみましょう。

左側の公式の意味は、賃料収入が上がる、または物件価格（土地代もしくは建築費）が下がる（安くなる）と利回りは上昇するということになります。間取りの工夫や建物のグレードを上げることで賃料収入を上げる、または建設費を下げる工夫をすることで物件価格を下げ、結果として利回りは上昇するということです。

右側の公式の意味は、賃料収入が上がる、または利回りが下がると物件価格は上昇するということになります。賃料収入を上げることで物件価格が上がるということは想像に難くありません。しかし、「利回りが下がると物件価格が上がる」とはどういう意味でしょうか？　これは、例えば駅前のマンションと、駅から徒歩20分にあるマンションを比較した場合、駅前のマンションの方が将来的な入居も安定しているでしょうし、空室率も低くリスクは少ないと判断できます。

物件を投資家目線で評価すると、「駅20分は将来どうなるかわからないし、長期空室になったらどうなるのだろうか？　一方で、駅前の方はさすがに長期空室になる恐れも少ないだろうから多少利回りが低くても（つまり物件価格が高くても）購入はしたい」という心理が働くわけです。

つまり、「利回りの高さ＝リスクの高さ」ということなのです。

以降では、参考までに一都三県の一棟アパート・マンションの利回りの推移について紹介します。ここでは、不動産投資と収益物件の情報サイト「健美家（けんびや）」のサイトで公開されている、収益物件市場動向四半期レポート（2023年１～３月期）より抜粋したデータを使います。

これは、販売向けに掲載登録された利回りですので、実際の成約利回りはやや高く（価格は安く）なりますが、東京23区の一棟アパートで6.12％、一都三県で7.46％になります。同様に、東京23区の一棟マンションは5.51％、一都三県で6.68％となっています。

これらのデータは、土地活用を検討する際の収益価格算定の参考になりますし、所有するアパートやマンションの現在の資産価値を把握する上でも大変有益な公開データですのでぜひ参考にしてください。

図4-6　一都三県の一棟アパート・マンションの利回りの推移

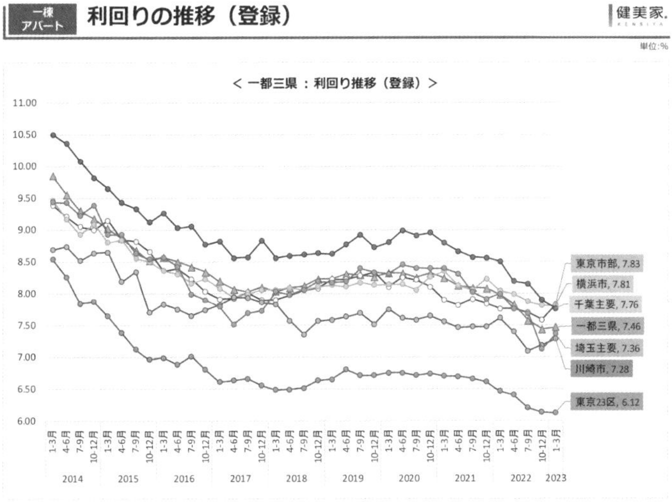

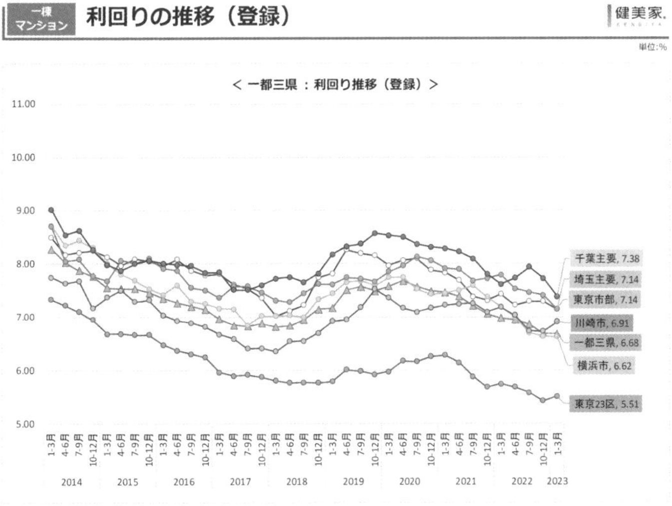

出典：不動産投資と収益物件の情報サイト 健美家（けんびや）

基本はNOI（営業純利益）の把握

賃貸経営を考える上で基本となる指標にNOI（営業純利益）があります。NOIとは、Net Operating Incomeの略で、その物件からどれくらいの利益が得られるかをみる指標です。純賃貸料収入ともいいます。満室賃料から、空室損、実際に発生した運営費（管理手数料、公租公課、光熱費、修繕費、設備点検費、清掃費、通信費、火災保険等）を控除して求めます。減価償却費のような支出を伴わない費用、支払利息、税金は控除しないため、その物件が生み出す営業純利益を表します。

NOI（Net Operating Income）
〈算定方法〉満室賃料－空室損－運営費＝営業純利益

さらに営業純利益から借入返済を差し引くと税引前キャッシュフロー（BTCF）が算出されます。満室賃料から税引前キャッシュフローを算出するプロセスはキャッシュフローツリーと呼ばれます。

図4-7　キャッシュフローツリー

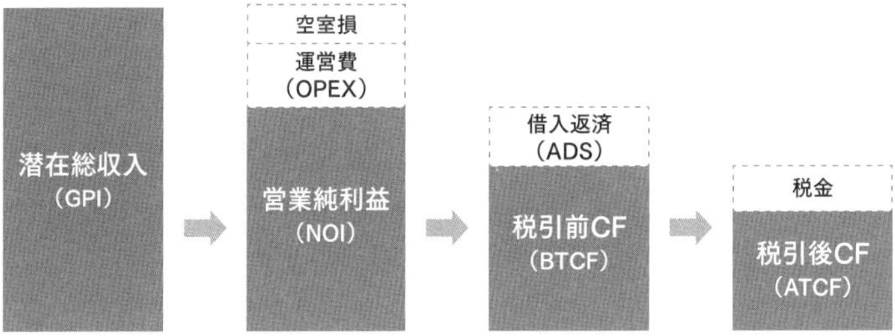

【潜在総収入（GPI）】

総潜在収入（Gross Potential Income）とは、その不動産が満室稼働した場合に得られる年間家賃の総収入です。家賃保証における保証賃料ではなく、あくまでも入居者自身が支払うであろう相場賃料の合計です。

【空室損】

空室率は満室の状態に対する空室の戸数や、空室期間であるのに対し、空室損は事業収支に影響する空室によって回収できなかった損失額のことです。

空室による収支への影響はとても重要な指標です。代表的な２つの空室率について解説します。

〈時点空室率〉

１年の内のある１日の全戸に対する空室戸数の割合から算出

した率を時点空室率といいます。管理会社が公表する空室率はこの時点空室率がほとんどです。ただしこの数値は算定する時期によって大きく変動します。

例えば全10戸のアパートで、毎年11月に3戸の空室がでても12月には満室となるような物件の場合、10月時点では満室ですが、11月は空室率30％、12月には満室となります。算定時期によって変動が大きい場合は注意して取り扱いましょう。

〈稼働空室率〉

1年の内、空室で稼働していなかった部屋を算出した率です。年間の空室期間の合計を計算して、全稼働していた期間に対する割合に注目した空室率になります。

計算式：(空室戸数×空室期間）÷（全戸数×稼働期間）×100

例：全10室のうち、3室が2カ月間空室だった場合（3室×2カ月）÷（10室×12カ月）×100＝5で、空室損は5％となります。

稼働空室率は、入居期間が長ければ長いほど、また、退去から次の入居が決まる空室期間が短いほど低くなります。入居期間がイメージつきにくい場合は、例えば単身者の部屋で2年の更新毎に退去が発生し、退去から次の入居が決まるまでに2カ月かかる部屋をイメージした方がわかりやすいかもしれません。

計算式：（空室期間２カ月）÷（入居期間２年＋入居募集期間２カ月）×100＝（２カ月）÷（２×12カ月＋２カ月）×100＝7.6％で、空室損は7.6％となります。参考までに２回目の更新４年後で退去となった場合は更に空室率は下がり、４％となります。

図4-8　時点空室率と稼働空室率

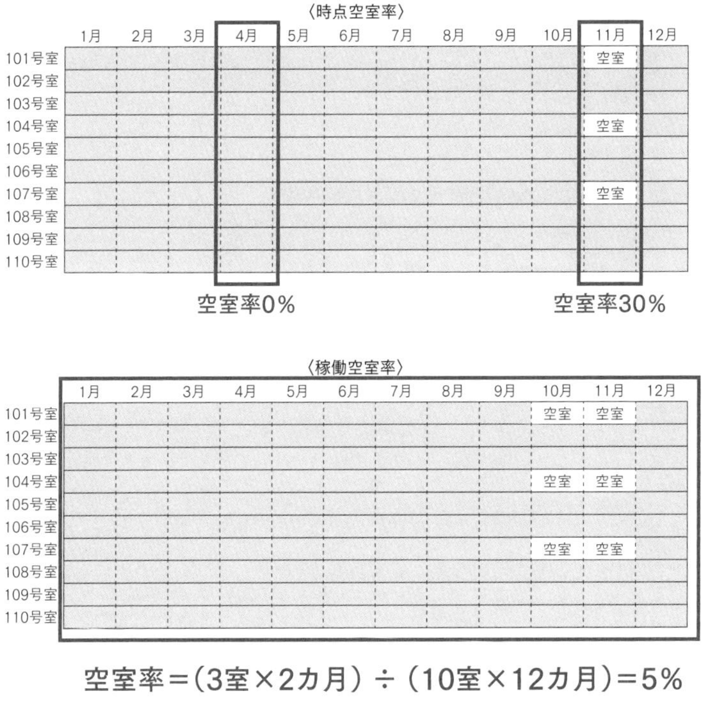

空室損の算定は、稼働空室率を元に算出しますが、以下注意点をあげたので参考にしてください。

- 地域ごと、間取りの別によって次の入居が決まるまでの期間は異なる。
- 高めの賃料と安全側で低い賃料では、次の入居が決まるまでの期間が異なる。
- 大切なのは営業純利益（NOI）であるので、賃料設定と空室損はバランスをみて設定する。
- 次の入居までにかかる期間は管理会社の能力によっても異なる。

【運営費】OPEX（Operating Expense）

アパートやマンション経営には様々な運営コストがかかります。ここでは、主な運営費の項目をあげてみました。運営費は物件の種類や建物構造、規模によっても異なります。また、修繕費や点検費など、地域によって相場価格が異なる場合もありますので現地調査の上、確実に把握しましょう。

- 賃貸管理手数料（自主管理の場合は不要）
- 共用部光熱費（水道、電気等）
- 定期清掃・ゴミ回収費
- 火災保険料
- 広告宣伝費
- エレベーター保守点検費

・受水槽等の設備点検費
・消防設備点検費
・固定資産税・都市計画税
・原状回復費用・リフォーム費用
・インターネット費用
・自治会費

すでに稼働している物件ならば過去の運営費データがありますので詳細に把握することもできるはずです。ただし、管理会社が把握しているものと公租公課や火災保険等のオーナーでなければわからないものもありますので調査が必要です。

長期入居者の退去後には大きなリフォーム費用が発生する場合もありますし、間取り変更を伴うリノベーション工事の場合にはさらに費用がかかりますのであらかじめ把握しておきましょう。

物件を良好な状態に維持するためには定期的なメンテナンス、更新が必要になります。メンテナンスは、「安全性」「遵法性」「美観」の視点から優先順位をつけて、長期的な修繕計画をたてて実行するようにしましょう。

また、大規模修繕工事の項目はあげておりませんが、築年数や物件タイプによってもその時期と規模感は異なります。高額な費用が発生した場合、会計上の処理は「資本的支出」として資産計上するものと、「修繕費」として経費計上する項目に大別されます。運営費としては主に修繕費までを計上対象とします。

運営費が潜在総収入に対してどのくらいの比率かという「運営費率」という考え方があります。運営費率は地域や物件によっても異なりますし、エレベーターや受水槽の有無によっても違ってきます。また、30世帯のマンションと10世帯のマンションではエレベーター１基分の保守点検費用が運営費率に与えるインパクトが異なります。以下に物件タイプごとの参考値を載せておきます。

〈運営費参考値〉（当社調べ）

・貸家	７～８％程度
・一棟アパート	15～20％程度
・一棟マンション	18～20％程度
・区分マンション	20～25％程度

【借入返済】

融資を受けた場合の年間の元利金返済の事でADS（Annual Dept Service）ともいいます。

返済は３つの要素で決まります。①借入額、②金利、③返済期間です。借入額と金利が増えれば返済額が増えることはいうまでもありませんが、返済期間を長くすることで毎年の返済額は少なくすることができます。

土地活用の場合は総事業費（土地と建物）の内、建物代金の融資を受ける場合が多いですが、１章でも述べた通り、事業全体に占める借入比率（LTV）は低めとなります。また、返済期間は新築の鉄筋コンクリート造であれば最長35年とする銀行も多くあります。

【税引前キャッシュフロー】Before Tax Cash Flow(BTCF)

NOIから借入返済を差し引くと税引前キャッシュフローが算定できます。ここから所得税等の税金を差し引くと税引き後のキャッシュフローとなります。

土地活用の場合は建物だけの融資なので税引後キャッシュフロー（BTCF）がマイナスになることは基本的にはあり得ないと思います。万一そのような場合は経営のどこかに問題がありますので専門家への相談が必要です。

コラム

営業純利益（NOI）率データの公開

営業純利益（NOI）は物件の種別や築年数、立地によっても異なります。保有物件のNOI率がどの程度であれば適切か否かの目安として、全国賃貸住宅実態調査(NOI率調査)を紹介させていただきます。

NOI率調査は、IREM JAPANが主体となり公益財団法人日本賃貸住宅管理協会や、株式会社LIFFLE社の協力により集計したデータです。所有物件の経営分析に役に立ちますので参考までに紹介させていただきます。

〈IREM JAPAN NOI（営業純収益）率調査〉
https://irem-japan.org/research/noi/

表面利回り、実質利回り

賃貸経営における利回りとは、投資した金額に対する収益割合を表したものです。賃貸経営の場合、購入する物件価格に対して、１年間の家賃収入がどれくらいの割合であるかを示したものと言い換えられます。

利回りは不動産の収益力を比較する１つの指標といわれています。ただし利回りと一口にいっても、表面利回り、実質利回り等、様々な利回りがあります。ここでは不動産投資、土地活用で使われる「表面利回り」「実質利回り」について解説します。

【表面利回り】

表面利回りとは、物件購入金額（土地建物総額）に対して年間満室賃料収入がどれくらいの割合かを示した値です。

〈算定式〉
表面利回り（％）＝年間満室賃料収入÷物件購入金額×100

ポイントは、空室損や運営費を差し引かず、満室賃料だけで算定している点です。また、空室があるような物件の場合は、空室部分は想定賃料を追加して満室想定利回りと表記されます。

投資用のアパートやマンション等が掲載されている情報サイト（ポータルサイト）ではこの表面利回りが記載されています。物件の収益力を把握する代表的な指標です。

【実質利回り】

実質利回りとは、表面利回りをより正確にした値で、物件購入金額に購入諸経費を合わせた総額に対する、営業純利益（NOI）の割合を示した値です。

〈算定式〉
実質利回り（％）
＝営業純利益（NOI）÷（物件購入金額＋諸経費）×100

空室損や運営費が差し引かれた収益性ですので、物件の本当の収益性を表す指標です。物件を購入する際には必ずチェックすべき値です。空室損や運営費の算定次第では変動するため、査定する管理会社や専門家によっても差が出ることがあります。特に、賃料の相場や、退去時の空室期間は管理会社によっても異なりますので、ある程度の変動がある前提で収益性を把握することがポイントです。

表面利回りと実質利回りは、賃貸経営を成功させる上では必須の指標ですので、その違いを理解して経営に活用してください。

コラム

もう一つの利回り、内部収益率（IRR）

表面利回り、実質利回りをご紹介しましたが、不動産の収益性を比較する指標としてもう一つの利回りである、内部収益率IRR（Internal Rate of Return）の考え方を参考までに解説いたします。内部収益率とは、一言でいうと保有期間中の賃料と将来の資産価値（売却をした場合の利益）にもとづくトータルの収益性のことです。表面利回りや実質利回りはどんなに正確に精査をしても賃貸経営のとある一年間の収益性でしかありません。

例えば毎年1000万円の賃料収入がある物件価格１億円の賃貸経営であれば、表面利回りは10%となります。しかし、その賃貸経営が５年後に3000万円の含み益があるような事業であれば５年間の賃料収入が5000万円あっても、５年間のトータルの収支は2000万円ですから、初年度の表面利回り10%はあくまでの初年度の収益性でしかないのです。ですから、賃貸経営の実態を知るうえで大切なことは、保有期間仲の賃料収入と、仮に売却を想定した場合の売却益を反映した、取得から運用、売却までの全期間の利回りを把握することが大切なのです。それを数値で現したのが内部収益率（IRR）なのです。利回りの重要度としては、「表面利回り＜実質利回り＜内部収益率（IRR）」となります。なお、内部収益率は定期預金（複利）と同じ意味であることを覚えておいてください。

IRRの計算式は次の式から r を逆算することで求められ、物件への投資額が将来得られるお金を現在の価値に割り戻した金額と等しくなる割引率となります。

$$C(0)=\frac{C1}{1+r}+\frac{C1}{(1+r)^2}+\frac{C1}{(1+r)^3}+\cdots\cdots+\frac{Cn}{(1+r)^n}$$

※C（0）：初期投資額　Cn：n年目のキャッシュフロー　r：IRR

レバレッジ効果と自己資金収益率CCR

レバレッジ（Leverage）とは「テコの原理」という意味です。小さな力で大きなものを動かす意味で使われますが、不動産経営におけるレバレッジとは、銀行などから借り入れをせず、すべて現金で事業を行うよりも、借り入れをした方が投入した自己資金に対する収益率を高める効果が期待できることを指します。

CCRとは自己資金収益率（Cash on Cash Return）のことで、自己資金に対する年間のキャッシュフローの割合を表します。CCRは以下の式で求められます。

> CCR（自己資金収益率）＝
> BTCF（税引前キャッシュフロー）÷自己資金×100

例えば、年間の営業純利益（NOI）が500万円で価格が１億円の物件を、Ａさんが全て現金で購入した場合、レバレッジ効果はなく、投下した自己資金１億円に対する収益率は営業純利益（NOI）５％のままとなります（図４－９の左上）。また、この物件を仮にＢさんと共同で半分（5000万円）ずつ購入したとしても、特段の定めがない限り、各々の収益率は同じで５％となります（図４－９の右上）。

ところが、これにレバレッジ効果をかける、つまりＢさんではなく、銀行から借り入れをするとどうなるでしょうか。借入条件を金利１％、返済期間30年とすると年間の返済額は193万円となります。Ｂさんが受け取っていた250万円が銀行への返済額193万円に変わりましたが、その差額（250万円－193万円＝57万円）は当然Ａさんが受け取り、Ａさんが受け取る収益は250万円＋57万円＝307万円に増加しました（図４－９　レバレッジ効果①）。

結果的にＡさんが投下した5000万円に対する収益率は、（250万円＋57万円）÷5000万円＝6.1％となり、レバレッジ効果がない場合の収益率５％よりも1.1％増加しました。これが融資を活用したレバレッジ効果です。

では、さらに5000万円だった自己資金を少なくして1000万円にするとどのように変化するでしょうか？　同様に算定した結果がレバレッジ効果②ですが、自己資金1000万円に対する収益は、50万円＋103万円＝153万円となり、CCRは153万円÷1000万円＝15.3％にさらに増加しました（図４－９　レバレッジ効果②）。

いかがでしょうか。自己資金を少なく、銀行融資を活用することで、投下した自己資本に対する収益率は５％→6.1％→15.3％と約３倍まで上がりました。レバレッジ効果のメリットは同

図4-9　レバレッジ効果の仕組み

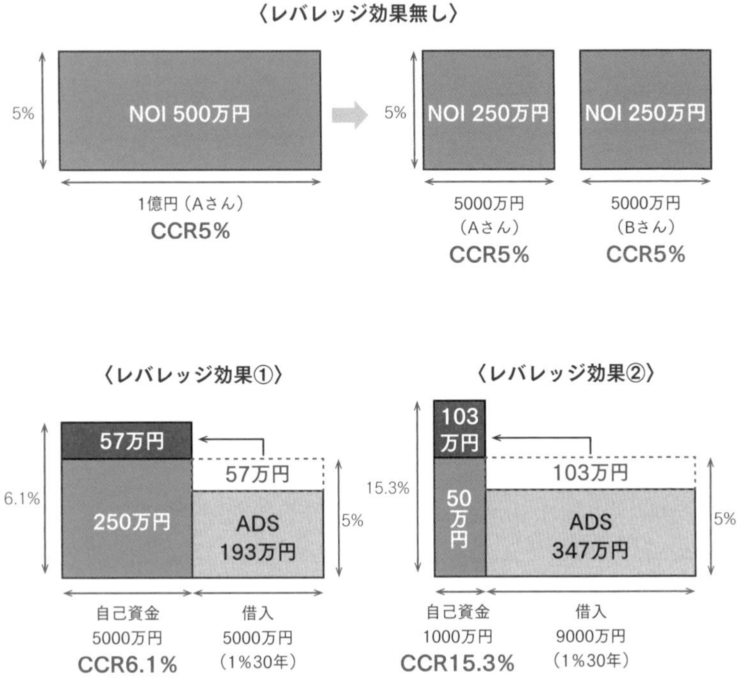

じ物件でも資金計画次第で投下した資金に対する収益率を高められることです。一方でデメリットもあります。それは、投下する自己資金が減ると、リターンである収益額も307万円（CCR6.1%）→153万円（CCR15．３％）と減少するので注意が必要です。

レバレッジ効果は正しく活用することで少ない自己資金を効率よく運用できます。使わずに定期預金に預けるような資金があれば追加資金として物件に投下したほうが運用としては正解なのかもしれません。ただし、借入が増加する分、金利上昇の影響はより大きくなりますし、金利や返済期間によってはレバレッジ効果が正常に働かない場合もあります。したがって、レバレッジ効果だけをみて、安易に不動産経営の判断をしないように注意が必要です。

土地活用の事業収支を投資目線で分析

1章でAさんから相談された事例1の事業収支を投資目線で分析してみましょう。土地活用で提案される一般的な事業収支は建築費相当額の融資を受けて、期間30年のキャッシュフロー算定をしたものがほとんどです。

本書では土地代を反映した事業収支を前提として、初年度と長期でシミュレーションをしてみます。事例1の内容を振り返ってみましょう。

事例1 ※営業マンからの提案内容

【エリア】 東京郊外の低層住宅地。最寄り駅から徒歩25分

【地　積】 160㎡（48.4坪）　【容積率】 100%

【総建築費】 5000万円　【総建築費】 木造2階建てアパート

【賃貸面積】 48.4坪　【延床面積】 58.1坪（賃貸面積の1.2倍程度）

【間取り】 26.6㎡・1Kタイプ

【賃　料】 73000円

【総戸数】 6戸

【満室家賃収入】 526万円

【営業純利益】 420万円（満室賃料の80%）

【年間の融資返済額】 193万円（建築費5000万を金利1%、期間30年の融資利用）

【税引前キャッシュフロー】 420万円－193万円＝227万円

〈事業収支の前提条件〉

- ・土地（更地価格5000万円）は自己資金として計上。
- ・融資額5000万円（建設費）の条件は金利１％、期間30年で想定。
- ・家賃は築年数の経過とともに毎年0.5％下落想定。
- ・空室損、運営費を差し引いた営業純利益は満室賃料の80％で想定。
- ・新築賃貸アパートの取引利回りの相場を表面利回り6.5％とする。
- ・10年後の賃貸アパートの取引利回りの相場を表面利回り７％と想定。

〈初年度の事業収支〉

土地と建物の内訳は図４-10の通りです。土地と建物の事業総額は１億円。そのうち、建築費5000万円を融資で調達しますので、**残りの5000万円は自己資金相当分となります。更地価格が5000万円の土地をアパート事業に投資しているということです**。

総額１億円でスタートした事業ですが、取引利回りの相場から算定した収益価格は１章で述べた通り8086万円の価値しかありませんので、含み損（1914万円）を抱えた状態が初年度の状態です。

図4-10　事例１の投資分析

〈事例１の資金計画と収益価格〉

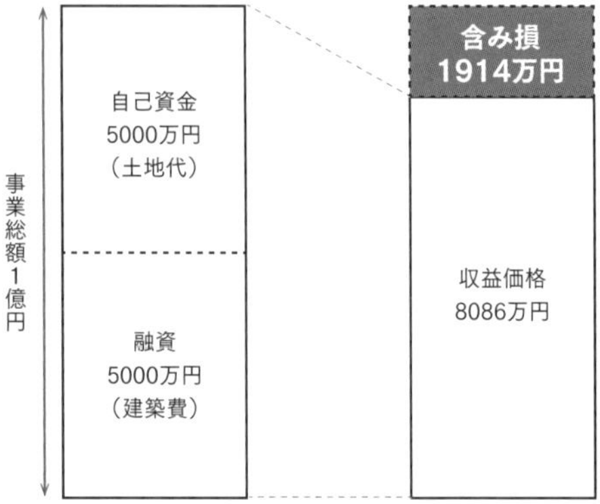

〈事例１のレバレッジ効果〉

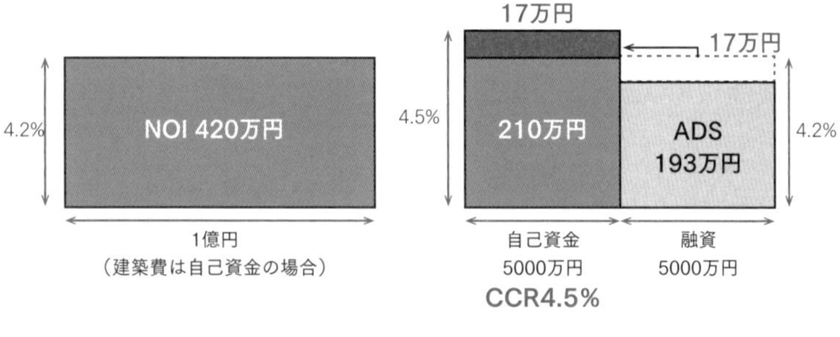

次に初年度のキャッシュフロー算定をしてみましょう。賃料は26.6㎡・1Kタイプで賃料73000円、総戸数6戸でしたので、満室家賃収入は5,256,000円となります。満室賃料から空室損と運営費を差し引いた営業純利益（NOI）は4,204,800円（満室賃料の80%）です。ここから融資の返済1,929,837円を差し引くと1年目の税引き前のキャッシュフローは2,274,963円となりました。

ここで、前節で取り上げたレバレッジ効果を確認していきましょう。物件の実質利回りはNOI／1億円＝4.2%ですが、銀行は融資額5000万円に対して年間返済額193万円を求めます。前節で説明したようにレバレッジ効果がかろうじて働き、自己資金である5000万円に対する自己資金収益率CCRは4.5%となりました（図4-10下図参照）。

また、融資の返済に対して営業純利益（NOI）の比率をDCR（債務回収比率）といいますが、約2.2倍（420万円／193万円）は十分ですので安全性は問題ないようです。

〈長期の事業収支〉

次に長期の事業収支を考えてみましょう。まずはシミュレーション期間についてですが、多くの建築メーカーで期間30年のキャッシュフロー算定書が提案されます。条件を設定すれば30年でも50年でも算定は可能ですが、私は30年間のシミュレーションをすることは現実的には不可能と考えます。今から30年前といえば1993年ですが、振り返ってみても30年前に今の時代やトレンドを予想できたはずがありません。バブル後の不景気、リーマンショックやコロナ禍、インフレによる建設費の高騰、消費税に至っては５％、８％、10％と増税されたのです。本書では期間10年のキャッシュフロー計算書を作成し、シミュレーションしてみます。

キャッシュフローは賃料収入から空室損、運営費を差し引い

〈参考収支〉

	1年目	2年目	3年目	4年目
◆収入				
満室賃料収入	5,256,000	5,229,720	5,203,571	5,177,554
空室損(5%)	-262,800	-261,486	-260,179	-258,878
収入合計	4,993,200	4,968,234	4,943,393	4,918,676
◆支出				
賃貸管理手数料	289,080	287,635	286,196	284,765
光熱費	105,120	104,594	104,071	103,551
清掃・維持費	157,680	156,892	156,107	155,327
公租公課	105,120	104,594	104,071	103,551
その他経費	131,400	130,743	130,089	129,439
支出合計	788,400	784,458	780,536	776,633
営業純利益(NOI)	4,204,800	4,183,776	4,162,857	4,142,043
融資返済	1,929,837	1,929,837	1,929,837	1,929,837
税引前ｷｬｯｼｭﾌﾛｰ	2,274,963	2,253,939	2,233,020	2,212,206

た営業純利益を算定し、融資の返済を差し引くと税引き前のキャッシュフローがでます。土地活用の事業収支の特徴は融資が建築費以下となるので、この税引き前キャッシュフローが赤字となるケースはまれです。この時点で赤字の物件は、建築費が高すぎる、もしくは賃料設定が安すぎる等の原因が考えられます。また、キャッシュフローはあくまでも現金の流れを算定したものです。それとは別に減価償却や納税額を算定する損益計算が必要となります。ここでは収支の考え方の説明を優先したいので税引き前のキャッシュフローで説明します。

5年目	6年目	7年目	8年目	9年目	10年目
5,151,666	5,125,907	5,100,278	5,074,777	5,049,403	5,024,156
-257,583	-256,295	-255,014	-253,739	-252,470	-251,208
4,894,082	4,869,612	4,845,264	4,821,038	4,796,933	4,772,948
283,342	281,925	280,515	279,113	277,717	276,329
103,033	102,518	102,006	101,496	100,988	100,483
154,550	153,777	153,008	152,243	151,482	150,725
103,033	102,518	102,006	101,496	100,988	100,483
128,792	128,148	127,507	126,869	126,235	125,604
772,750	768,886	765,042	761,216	757,410	753,623
4,121,333	4,100,726	4,080,222	4,059,821	4,039,522	4,019,324
1,929,837	1,929,837	1,929,837	1,929,837	1,929,837	1,929,837
2,191,495	2,170,889	2,150,385	2,129,984	2,109,685	2,089,487

期間を10年間にして事業収支をチェックしてみましょう。

①初期投資額：50,000,000円（土地代）

②毎年のキャッシュフロー

　１年目：2,274,963円

　２年目：2,253,939円

　　～

　10年目：2,089,487円

　10年間のキャッシュフロー合計：21,816,053円

③10年目に売却した場合のキャッシュフロー

まずは10年後にこの物件の資産価値がどれくらいあるかの収益価格を求めます。このエリアで取引される“新築の”賃貸アパートの利回りの相場は6.5%でした。10年後にこの物件を売却するとしたらどれくらいの利回りで買手がつくでしょうか？

一般的に利回りは築年数が経過するごとに上昇します。築年数の経過とともにメンテナンス費の上昇や物件の競争力低下が想定されることが主な理由です。収支では新築時の利回り6.5%が７%に上昇（物件価格は下落）とすると10年後の収益価格は以下となります。

・10年後の収益価格＝11年目の満室想定賃料／７%

　＝4,999,035／７%＝71,414,784円

※収益価格は将来得られるであろう収益をもとに算定されますので、10年目の収益価格は11年目の賃料をもとに算定します。

・10年後の融資の残債：34,968,852円
・売却にかかわる諸経費（４％）
　＝71,414,784×４％＝2,856,591円

算定：10年後の収益価格－残債－諸経費＝33,589,340円

10年間で得られたキャッシュフローの合計は以下となりました。

賃料からの収入（21,816,053）＋売却からの収入（33,589,340）＝55,405,393円

初期投資額は50,000,000円でしたので、差し引き5,405,393円プラスとなります。言い換えると、この**土地活用は更地価格である5000万円を投資して、10年間で約540万円の税引き前のキャッシュフローが得られる事業**であるということです。毎年200万円以上のキャッシュフローがあるので魅力的に見えるかもしれませんが、5000万円の土地代を考慮した収支は結果的に１年間で54万円程度のキャッシュフローしか生まないことがわかりました。また、税引き後のキャッシュフローはさらに少なくなります。

この収益性がどれ程か理解するために、参考として銀行の定期預金と比較してみましょう。5000万円預けて10年後に5540万円となる定期預金の金利は１％です。スタートの含み損を賃

料収入でカバーして、10年間で何とか銀行預金程度ということです。キャッシュフローだけでなく、土地建物全体の収益価格を把握すると本当の収益性が理解いただけたかと思います。

１章でも述べましたが、事例１は郊外の低層住居地域にアパートを建てた事例ですが、相続税の節税効果があるようにみえて、実は収益性が極めて低いため資産運用としては失敗といえる事例です。相続対策であれば節税効果があり、かつ収益性も確保することが目指すべき不動産運用でしょう。

5章

得する資産活用のための「資産の組み換え」術

稼ぐ経営を実現する「資産の組み換え」

すでに３章「先祖代々の土地は守れる」でお伝えしたように、次世代に承継すべき資産を相続税の支払いによって減らさないためには、稼ぐ経営を積極的に取り入れ、守るべき資産の外側にさらに資産を増やしていくことが重要です（図５-１）。

資産を何とか守ろうとするあまりに目先の節税にばかり目がいきがちですが、いくら節税ができたとしても相続税自体をなくすことはできません。収益力の向上、有効活用、節税には限界があります。したがってここで大切なことは視点を変える、つまり資産を増やす戦略をとることで、守るべき資産は確実に残せるのです（図の右側）。保有資産全体の規模を大きくすることで相続税の負担があったとしても大切な守る資産はしっかり残すという考え方です。

結局のところ相続税の最高税率が55％時代を乗り切るためには、節税をしながら同時に稼ぐ経営が必須であるというのが私の結論です。

図5-1　稼ぐ経営で資産を守る

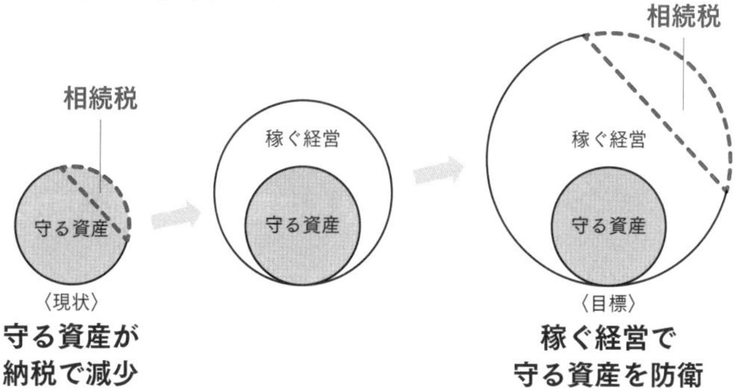

稼ぐ経営を実現するために欠かせない手段が本章で取り上げる“資産の組み換え”です。資産の組み換えとは、収益性、換金性、節税力のない不動産を、安定的かつ高い収益性があり、なおかつ常に売買できる高い流動性と節税力がある優良資産へと組み換えることです。次節では資産の組み換えについて、具体的に6つのポイントにまとめて解説します。

資産の組み換え　6つのポイント

資産の組み換えの効果は、次の6つに集約されます。

図5-2　資産の組み換え　6つのポイント

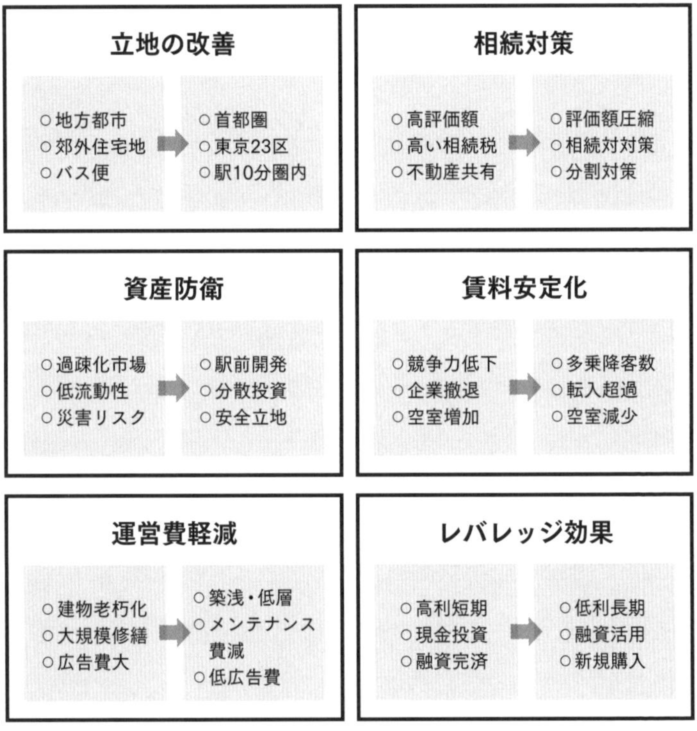

①立地の改善

資産の組み換えの典型的な効果は立地の改善です。不動産経営にとって立地の選定は５年後、10年後の利益を大きく左右する最も重要な経営判断といっても過言ではありません。なぜなら、物件の賃料や募集条件、建物の設備やデザインは後から変更することはできても、立地そのものは変えることはできないからです。

立地の改善にはバス便立地から駅近立地への組み換えから、地方都市から首都圏や東京都内への組み換え等、いろいろなパターンがあります。立地のエリア特性を見極め、できれば駅10分圏内で、乗降客数が多い３万人以上のエリアを目指すのが理想的です。

②相続対策

収益性が低い上に相続税が高く課税される、未利用地、月極駐車場、貸地は資産の組み換えが特に効果を発揮する好例です。相続税評価額と併せて適切な時価評価を算定し、相続対策に有利な物件と、そうでない物件を選定すれば必然的に組み換え対象物件が選別されるはずです。評価額圧縮効果が高いのは好立地にある賃貸マンションやビル等の事業用不動産です。融資を活用して複数の不動産、区分所有物件等を組み入れることで分割対策にも効果があります。

③資産防衛

　不動産資産の価値や収益を長期的に防衛する方法は多岐にわたりますが、災害リスクへの対策や分散投資は資産防衛においては、基本的かつ必須の方法です。特に災害対策は重要になります。万が一の災害に備えた保険の活用はもちろんのこと、安定地盤で水災リスクが可能な限り排除できるエリアへの組み換えは資産防衛の観点からぜひ取り入れたい手法です。また、分散投資ではエリアはもちろんのこと、マンションでもファミリータイプや単身タイプに分散する等、すぐにでも実践できる対策はあります。

④賃料安定化

　賃料の動向には周辺エリアの人口動態や雇用増加、物件の需要と供給、そして物件そのものの競争力等、様々な要素が影響します。例えば、空室期間の長期化や大企業の撤退による雇用減少があるにもかかわらず、土地活用としての新築が加速するようなエリアは要注意です。そのようなエリアは将来的に不安定にならざるを得ません。現状で賃料が安定しないのであれば早期に対策を実行することで、時間の経過とともにその効果は大きなものとなります。

⑤運営費軽減

　賃料と同様に大切な指標が運営費負担です。建物は老朽化とともに大規模修繕が発生するので、時間の経過とともに必ず一定の運営コストがかかります。ただし、運営コストは一様ではありません。実際は、エレベーターの有無や、低層か高層か、仕上げ材の種類、設備仕様といったものは物件固有のものですので、賃料に占める運営費の負担割合は物件ごとに異なります。空室損を除く運営費が満室賃料の15%を目安にして、過大な負担が予測される場合は早期の組み換えを実行することが運営費軽減につながります。

⑥レバレッジ効果

４章でお伝えしたように、レバレッジ効果とは物件そのものの収益性は変わらなくても、融資を活用することで、投下した自己資金に対する収益性が向上することです。

例えば30年以上も前から保有する時価評価１億円の賃貸マンション（営業純利益400万円）があり、融資はすべて完済していたとします（図５-３左側）。ここで、この賃貸マンションを売却し、納税後の手残り8000万円を頭金に、追加で１億2000万円（金利１%、期間35年）の融資を受けて２億円の同程度の利回りの物件へ組み換えたとします。組み換え後のキャッシュフローは394万円（320万円＋74万円）ですから組み換え前の400万円とほぼ変わりませんが、融資を活用し物件規模が拡大したので、元本返済（１年目287万円、２年目290万円）が進み含み益は増加します。

不動産の担保力を生かすことで融資が活用できるのは不動産

経営の大きなメリットです。レバレッジ効果を活用することは稼ぐ経営を実現する一手になります。

図5-3　レバレッジ効果を活用した資産の組み換え

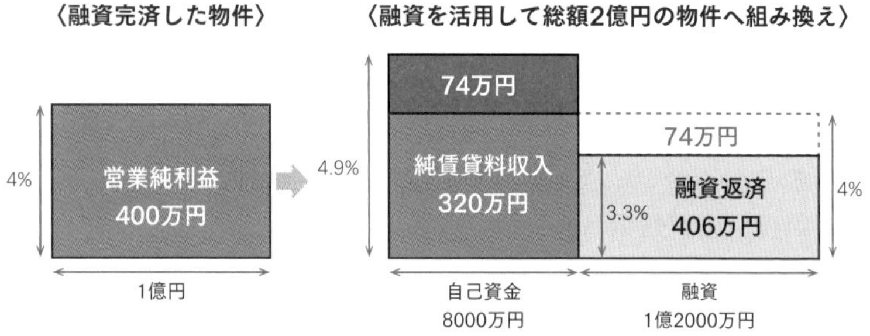

資産の組み換えは、立地を改善する唯一の手段である

２章では賃貸経営成功の５つのＰをご紹介しました。もともとマーケティング戦略を立案、実行する際に使われる４つのＰ［Place（立地）、Product（物件）、Price（価格）、Promotion（販促）］にPartner（パートナー）を加えて５つのＰとしたもので以下の内容でした。

①立地（Place）　：立地条件
②物件（Product）　：物件の魅力、デザイン、間取り
③価格（Price）　：賃料、募集条件
④販促（Promotion）　：販促活動、入居募集
⑤パートナー（Partner）：
　賃貸経営、法務、税務、建築、売買等のパートナー

５つのＰのうち、②～⑤は予算とオーナーの意志決定があればいくらでもグレードアップはできます。賃料の設定は入居者次第という面もありますが、設定権をもつのは基本的にはオーナーです。また、管理会社の広告戦略から各専門家の選定もオーナーの意向次第で変えることができます。

しかし、２章の繰り返しになりますが立地だけは前提条件ですからたとえオーナーであってもどうすることもできないので

す。入居者が部屋探しをする際のポイントも「立地」「賃料」「間取り」であり、立地を決めてそのエリアから希望にあう賃料、間取り、築年数を探していきます。資産の組み換えという方法は、これらの問題を根本的に改善するのに有効な唯一の方法といっても過言ではないのです。

また、好立地に不動産を所有することは立地が改善すること以上の効果があります。例えば、賃料帯が高くなることによる入居者属性の変化や大手法人の入居も見込まれ、家賃滞納の悩みの改善、あるいは退去の度の賃料値上げ交渉が可能になるほか、リノベーション工事をすることで家賃の増額も可能でしょう。

好立地であれば、特別な広告を出さなくても入居が決まる可能性があり、広告費が削減できるかもしれません。立地がよい物件では大手管理会社の受託競争がおこなわれます。そのため管理料の値下げも珍しくありません。

ここにあげたように、立地を改善することは、賃貸経営をする上で、実に様々なよい効果がもたらされるのです。

資産の組み換えが効果を発揮するパターン

資産の組み換えの６つのポイントを解説しましたが、特に高い効果を発揮するパターンを３つご紹介します。

①底地

底地とは借地人に貸している借地権付きの土地のことです。ひょっとしたら読者の皆さんのなかにも、多数の底地を保有している地主さんもおられるかもしれません。

なぜ底地が資産の組み換えの対象となるのでしょうか？　それには２つの理由があります。１つ目の理由は低い資産価値です。底地は借地権がついているため保有することのメリットはほとんどなく、地代収入程度の利益しか見込めません。実際に、地代は固定資産税の３～５倍程度が相場ですので、営業純利益は１～２％程度の収益率しかありません。

２つ目の理由は極めて低い流動性です。底地の買手は借地人が基本ですが、借地人が購入しなければ底地専門の買取不動産会社となります。底地は、更地のように建てたり貸したりする利活用ができず、買手も極めて限定的ですから流動性が低いのです。収益性も流動性も低いために時価評価は極めて低く、相続税評価額よりも低いのが現実です。

例えば相続税評価額が1000万円程度の底地の事例ですが、底地の時価評価は700〜800万円程度です。相続税が50％の500万円とすれば、営業純利益20万円（1000万円×２％）の25年分に相当します。保有したまま相続税が課せられるくらいなら、現金化しておいたほうがまだましというもので、保有するメリットはほとんどないといっていいでしょう。

②郊外のバス便土地

駅からバス便となる郊外の土地の利活用はなかなか難しいものです。ロードサイドで大型店舗の需要があるような立地であれば別ですが、そうでなければ、わざわざリスクがある場所で土地活用する必要はありません。

郊外の土地が土地活用に向かない理由についてはすでに１章でも述べましたが、５年、10年先の資産価値を考えると、このような土地を所有している場合には資産の組み換えをお勧めします。組み換えをする際に、戸建て分譲事業者が進出していれば積極的に購入してくれるかもしれませんが、将来的に人口減少によりそもそも分譲事業者が購入しないケースもあり得ます。そうなると資産価値は下落する一方です。資産の組み換えを先延ばしにすることで、買い手が見つからない、あるいは価格が値下がりするような事態は避けたいものです。資産の組み換えの効果は時間の経過とともに大きく変わってきますので、組み換えのタイミングを逃さずに早い段階で検討しておくことをお勧めします。

③老朽化した自宅兼店舗ビル

築30～40年の親世代が家業等で使っていた自宅併用のビルをよく見かけます。低層階では家業を、上層階が自宅になっているようなビルです。このようなビルが悪いわけではありませんが、世代交代とともに家業をやめて低層階を第三者へ賃貸する、さらには親世代も他界して空き家になったりすると、検討が必要となってきます。例えば、大規模修繕をやるのか、リノベーションをして全体を貸し出すのかといった検討が必要になります。

大きな修繕工事で資金を投下するのであれば、資産の組み換えをも併せて検討することをお勧めします。理由はいくつかありますが、１つはコスト負担です。特にリノベーション費用が高額となると融資を検討せざるをえませんが、築年数が30～40年の古いビルだと融資期間も短期にならざるを得ません。また、返済負担が大きいとリノベーションをしても期待するほど収入を得られないケースもあります。しかも、老朽化によるリノベーションは先々も小修繕を含めてなんらかの対応が必要となってきます。

オーナー自身にとってそのような運営が精神的な負担となることなく、楽しみながら受け入れられるのであれば良いのですが、ストレスに感じられるようであれば、思い切って資産の組み換えを選択したほうが得策かもしれません。

以上３つのパターンをご紹介いたしましたが、不動産は一つとして同じものはありませんので保有不動産によって様々なパターンが考えられます。６つのポイントを参考にしながら自身の保有不動産に置き換えて考えてみてください。

土地活用の代替案としての資産の組み換え

相続対策の土地活用で資産の組み換えがどのように効果を発揮するのでしょうか。ふたたび１章で取り上げたＡさんが所有する事例１で資産の組み換えをした場合を考えてみましょう。

図5-4　事例１＋資産の組み換え

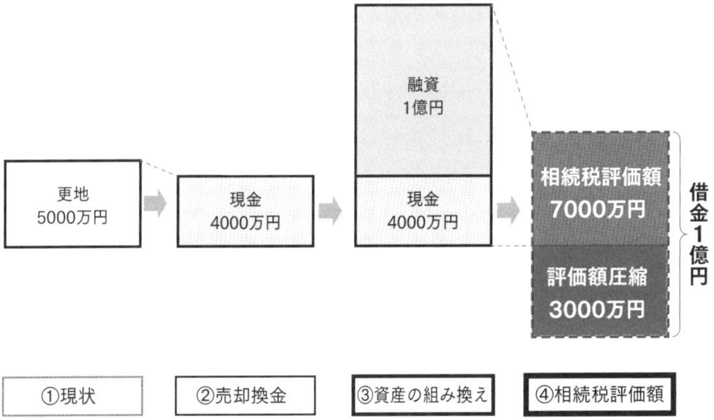

①現状

対策前の何もしない更地の状態です。更地価格5000万円、相続税評価額4000万円、相続税率40％で相続税は1600万円となり、土地活用の検討の際と同じです。

②売却換金

この土地をいったん市場で売却し想定通り5000万円で現金化し、譲渡税等を控除したのちの手残りを4000万円とします。

③資産の組み換え

次に、現金4000万円を自己資金として総額１億4000万円で東京都内の駅10分圏内の賃貸マンションを購入します。実質利回りは４％で営業純利益（NOI）は560万円です。融資額は物件価格の70％程度の１億円です。

④相続税評価額

東京都内の賃貸マンションは実態と相続税評価額との乖離があり、物件にもよりますがここでは購入価格の50％（7000万円）を相続税評価額とします。

保有する土地建物の相続税評価額は7000万円であるのに対して、借金が１億円残るのでマイナス3000万円となります。マイナス分は他の財産の評価額から圧縮できたとします。結果的には1600万円だった相続税がマイナス1200万円（3000万円×

40%）となり、節税額は2800万円となりました。

〈収益性について〉

営業純利益（NOI）は560万円、金利１％、期間30年の融資返済額は386万円。税引前のキャッシュフローは、560万円－386万円＝174万円となり、毎月14.5万円のキャッシュフローは得られます。また、土地活用の場合は最初から含み損があることにはすでにふれましたが、資産の組み換えの場合は、市場に流通している不動産を厳選して、相場利回りで購入しますので土地活用のような含み損は発生しません。それどころか、元本返済分（１年目287万円、２年目290万円）はそのまま含み益になりますので、将来、タイミングをみて売却することで資産を拡大することができます。

このような資産の組み換えを実行することで収益性、流動性、そして節税力の改善につながるのです。

相続対策で「資産の組み換え」が効果的な理由

前節の土地活用をやめて資産の組み換えを実行した場合の効果についてポイントをまとめてみましょう。

①立地改善による賃料安定化と資産防衛

立地が改善されることは資産の組み換えの大きなメリットです。事例１は東京郊外の最寄り駅から徒歩25分の立地でしたが、組み換え後は都内の駅10分圏内の立地になりました。賃料、空室、運営費、資産価値、あらゆる面でプラスの効果が期待されます。

特に、通勤圏沿線の主要停車駅であれば乗降客数２～３万人程度の駅もあり、賃料安定化や空室リスクの軽減はもちろんのこと、資産価値となる収益価格も安定しており、不測の事態での売却も比較的容易におこなうことができます。

②レバレッジ効果と節税効果

不動産購入による節税効果とは、結局のところ現金資産が不動産に代わることによる相続税評価額の評価減といえます。

事例１の土地活用では更地価格5000万円の土地に建築費が5000万円で総額１億円でしたが、資産の組み換えにより自己資金4000万円に、融資１億円を活用することで、土地活用よりも規模を拡大して総額1億4000万円の不動産を取得することができました。総額に対しての融資額の割合は約70％（1億円／1億4000万円）ですが、金融機関との交渉次第では80％、90％とさらに上げることができる可能性があり、そうなれば取得物件の規模は拡大し、節税効果はさらに高まります。

同じ融資でも、土地活用としての融資では融資額は建築費が上限ですのでレバレッジ効果には限界があります。資産の組み換えでは物件を購入する際にレバレッジ効果を得ることで節税効果がより高くなります。なお、融資を受けて借金があることが節税と誤解されがちですが、すべて現金で購入した場合も多額の現金が減り不動産に代わるだけですので節税効果は同じです。

③相続対策、遺産分割対策のメリット

資産の組み換えをする際に併せて検討したいのが分割対策です。土地活用を検討する段階では、個人名義で土地を所有している場合がほとんどです。一方で、資産の組み換えの際には、将来の分割対策として複数の不動産に分けて購入することも可能ですし、資産管理会社を活用して法人名義での購入にすることで株価対策をすることも可能です。個人名義の土地活用の段階では選択肢は限られていましたが、資産組み換えによって多種多様な選択肢が可能となるのです。

6章

事例でわかる「得する資産活用」

本章では、資産活用に成功した以下の４つのケースをご紹介します。

ケース1 事業用貸地を売却し、都内の一棟マンションへ資産の組み換え

ケース2 底地を売却し、都内の駅近中古区分マンションへ資産の組み換え

ケース3 収益価格に配慮した、狭小土地の有効活用

ケース4 間取り見直しで収益性を30%UPさせた土地活用

いずれも私が直接関わった事例になりますので、詳細をお伝えしながら、成功のポイントをみていきましょう。

ケース1 事業用貸地を売却し、都内の一棟マンションへ資産の組み換え

郊外の低利用の土地を、好立地の一棟マンションへ組み換えた典型的な資産の組み換え事例です。

相談者Hさんは東京多摩地区で祖父の代から事業会社を経営されており、並行して主にアパート経営を営む資産家です。Hさんは40代で都内の税理士事務所へ勤務されていましたが、いずれは家業と不動産経営を承継する予定で不動産に関しては宅地建物取引士の資格を取得し、熱心に勉強をされている方でした。

相続対策や不動産運用の方針も明確で、今回は郊外住宅地に所有する建設会社へ賃貸中の200坪の資材置き場のご相談と、70代の母親の二次相続対策目的での不動産購入でした。

資材置き場は売却して物件購入の頭金に充当する予定でしたが、40年以上も格安賃料で賃貸しており、相談時点では月額25万円の賃料で賃貸されていました。

相続税評価額は1億9000万円。更地価格の評価は2億5000万円でしたので、相続税評価額が更地価格の76％と割高で、かつ収入も少ない不動産で、お母様の相続税45％相当額の8550万円の回収には28年もかかってしまう典型的な負動産と呼べるものでした。

資材置き場は賃貸中のままで売却するとなると、購入者側で明け渡しの交渉が必要となり、１割程度は割安となることをお伝えしました。

割安に賃貸している理由を調べると、過去に「地主側から明け渡しを求めればいつでも退去してもらう約束で安く貸す」といった口頭の合意があったことがわかりました。

しかし、もちろん契約書類には一切そのような条文は見当たらず確認のしようもありません。こういった過去の経緯はあるものの、まずは賃借人側が現状をどのように認識しているかの確認が必要でした。

そこで、まずＨさんと私で建設会社の社長と面会することから始めました。面会したところ、社長自身も割安に賃貸していることは理解されており、また幸いなことに、以前は公共工事等を中心に拡大していた建設業も民間工事が中心となり、資材置き場も広さを持て余しているとのことでした。

結論としては、明け渡しには応じるものの、付近で移転先がみつかるまで待ってほしいとのことでした。半年後には移転先が無事みつかりましたので、更地にしたのち、売却を進めることとなりました。売却先は戸建て分譲事業者を複数社選定し、期間を決めての価格入札となりました。

事業用地の売却でも、特に戸建て分譲用地はデベロッパーの在庫具合や決算期によって積極性が異なります。数十社へのヒアリングを経て、結果的には査定価格よりも1000万円高い２億6000万円で売却することができました。

東京・中野区の物件へと資産を組み換え

土地の売却が決まり、手元資金にも目途がついたので、次は組み換え対象の物件の選定です。今回は母親の相続対策で不動産購入をしますが、売却手取金２億円のうち5000万円は手元預金として確保がご希望でした。

不動産購入融資は金融機関の支援もあり希望すれば全額融資を受けることはできましたが、返済額が増えすぎるとその分キャッシュフローが増えません。したがって、一定の自己資金を入れた上で物件を選定することになりました。

物件の購入にはスピード感と目利きが必要です。Ｈさんの条件は立地重視。東京多摩地区からもアクセスがしやすい東京23区ということで東京の城南地区、城西地区で、新耐震基準の中古の賃貸マンションを重点的に探しました。当時（2015年頃）は現在ほど価格が高騰しておらず、駅10分圏内の中古一棟マンションが利回り５％台で流通している時期でしたが、間取りや物件のグレード、維持管理状態をみてもなかなか理想的な物件がみつかりませんでした。そのうち中古物件を探していると、タイミングよく中野駅の徒歩10分圏内で土地情報がでました。中野区は中野駅北口開発が加速しており、大手法人が移転を決める等、将来的にもポテンシャルが高いエリアでした。物件総額は土地建物総額で３億円。自己資金１億円、残り２億円は融資で購入しました。今回は中古物件ではなく、土地購入からスタートして新築する方法で物件を取得しました。融資条件は某地方銀行の担当者が前向きに検討していただき、金利年0.8％、期間35年の好条件で借り入れることができました。

その結果、年間満室賃料は1560万円で中古物件とほぼ同等の利回りで割安に新築物件を購入することができたのです。

相続税評価額は３億円の約60％の１億8000万円。お母様の最高税率は45％ですから、１億2000万円の評価額圧縮で5400万円の節税効果が期待できます。つまり、収益性と相続対策を両立させた資産の組み換えができたのです。

繰上返済で収支を改善

また、物件購入と併せて、20年前の借入１億円の一括返済についても提案しました。20年前に組んだ期間30年、金利２％の不動産融資で残存期間が10年分残っていました。元利均等返済で融資を組んだ場合、返済額は一定ですが、借入残高は毎年減ります。

１億円の借入が、20年後の現在では4017万円まで減少しました。年間の返済額は444万円のままですので、借入残高に対して11％（444万円／4017万円）の返済を自己資金で繰上返済すると、そのまま11％のキャッシュフローを得ることができるのです（図６－１）。また、残り10年分の金利418万円も節約できました。

〈ケース1のまとめ〉

【組み換え前】

・資材置き場200坪／相続税評価額：１億9000万円

・賃料収入25万円－諸経費17万円（固都税等）＝８万円／月

＝年間営業純利益：８万円×12カ月＝96万円

・借入残高約4000万円の返済＝444万円／年

【売却からの手取り】

売却額：２億6000万円

－諸経費1040万円（測量、販売手数料等）

－納税4732万円＝手残り約２億円

【組み換え後】

①新築一棟マンション

・購入価格：３億円（自己資金１億円、融資２億円）

・相続税評価額：１億8000万円

・賃料収入：

満室賃料1560万円－空室損78万円－運営経費234万円＝

営業純利益1248万円

・税引前キャッシュフロー：

1248万円－元利返済655万円＝593万円

②借入金の繰上返済

・20年前に組んだ不動産融資１億円（金利２％、期間30年）の

借入残高：4017万円

・繰上返済による収入増加：444万円

③現金

・売却からの手取り：＋２億円

・新築一棟マンション購入自己資金：－１億円

・繰上返済：－約4000万円

・組み換え後の現金：

２億円－１億円－4000万円＝6000万円

図6-1　借入残高に対する年間返済額（Ｋ％）の変化

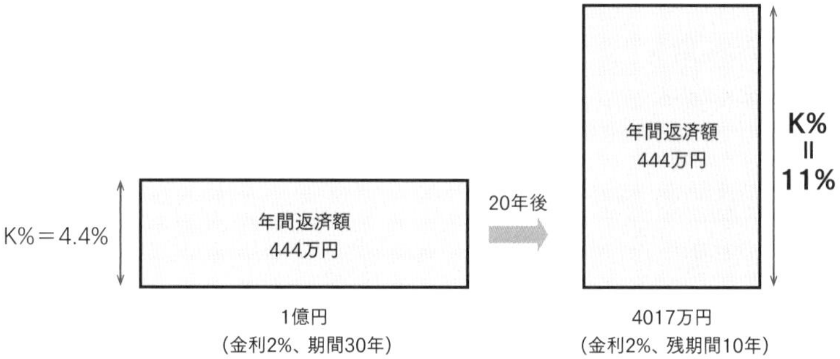

〈資産の組み換えの前後の比較〉

	対策前	対策後	変化
相続税評価額	1億5000万円	4000万円	－1億1000万円
年間キャッシュフロー	－348万円	593万円	＋941万円
現　金	資材置き場	6000万円	＋6000万円

資産の組み換え前後の比較を上の表にまとめてみました。対策前の相続税評価額は資材置き場1億9000万円、借入残高約4000万円の合計1億5000万円でしたが、対策後は1億8000万円（賃貸マンション）－2億円（借入）＋現金6000万円＝4000万円となり、1億1000万円の評価額が圧縮されました。

年間キャッシュフローをみると対策前は賃料収入96万円、借入返済444万円でマイナス348万円が、対策後は賃貸マンションからのキャッシュフロー593万円となり、941万円増加しました。

手元現金は5000万円が当初の計画でしたが、6000万円増えました。この結果にはHさんも顧問税理士にも喜んでいただける内容となりました。なお、2023年現在の中野区の不動産価格は駅前の開発も加速し、不動産価格の高騰がありました。購入した賃貸マンションは購入価格より2割程度プラスの市場価値となりました。Hさんの立地重視の不動産選定と決断が功を奏した結果となりました。

ケース2 底地を売却し、都内の駅近中古区分マンションへ資産の組み換え

相続税負担が大きく低収益の底地を、都内の駅近中古区分マンションへ組み換えた事例です。

相談者であるＮさん一家は祖父の代から農業を営んでいましたが、現在は主に東京都内で不動産賃貸業を手掛け、Ｎさんは都内の上場会社へ勤務しています。Ｎさんは現在70代の父親の相続対策の必要性を以前から認識しており、資産管理会社を設立されていました。弊社へは取引先を通じて今後の対策の相談でご来社されました。父親は現在所有する不動産はなるべく売らずに対策を進めてもらいたいとの意向でしたが、今後の対策はすべて長男であるＮさんに一任していました。

はじめに保有不動産の一覧を作成し、相続税評価額、時価評価、収益性、相続税、名義、登記の状況等を確認しなければ、今後の相続対策・不動産の活用、運用方針が判明しないことをご理解いただき、３カ月間の現状分析期間を設けて、ROA分析の依頼をいただきました。相続税の試算についてはこの段階から資産税に詳しい税理士に加わってもらい査定を進めることになりました。保有資産は以下の通りですが、この段階での一次相続税が約１億5000万円。手持ちの現金が不足していることをＮさんは理解されており、抜本的な対策の必要性も感じて

いました。

〈資産の資産一覧（相続税評価額）〉

現　金	4000万円
有価証券	500万円
生命保険	1000万円
不動産（アパート等）	3億円
不動産（自宅兼マンション等）	2億円
不動産（月極駐車場）	1.5億円
不動産（底地）	1.2億円
残債等	2億円
相続税	1億5000万円

ROA分析で残す物件を選択

ROA分析（詳しくは69ページ参照）を基に今後の具体的な相続対策の方針を検証しました。現状では毎年800万円程度しか手残りがなく、このまま一次・二次相続を迎えれば保有不動産を売って納税せざるを得ない状況は明らかでした。Nさんはどれくらい収入を増やして、評価額がどれくらい下がれば一次・二次相続をへて自分の世代へ承継ができるかを気にされておりました。そこで手始めに着手したのが底地の整理です。

底地15か所は大小さまざまな区画がありましたが、相続税評価額で総額１億2000万円。営業純利益はわずか150万円程度。利回りが特に低く１％程度しかないのは、先代が交わした土地賃貸借契約書の地代が固定資産税の2.7倍程度で、これまで地代の値上げをしていなかったことが原因でした。

総額１億2000万円に相続時に最高税率である30％が課せられると相続税が3600万円。わずか150万円の収入では相続税分の回収に24年もかかる計算です。手始めにこの底地の整理を進めることを理解され、１年程度かけて全体の６割程度の底地の整理のめどが立ち、7000万円分を現金化することができました。残った5000万円分の底地も将来整理することにしました。

7000万円で売却した後の納税後の手残金は5000万円。今回はこの手残金で東京都内のファミリー・単身者向け等、複数の中古区分マンション４戸を現金購入しました。中古区分マンションでも賃貸中の物件を購入したのは、新築に比べて割安、かつ賃貸中で家賃収入が期待でき、相続税評価額も割安に取得できるメリットがあるからです。

区分マンションを選んだ理由は、将来的にご長女への贈与を想定しての購入でした。不動産にはあまり関心がない長女も都内の駅近区分マンションであれば手間もかからず流動性も高いからと関心を示してくれたのです。贈与税はもちろん発生しますが、現金よりも贈与税を抑えられるメリットがあり、また賃料収入による収益も早い段階から移転ができる効果があるのです。

〈資産の組み換えの前後の比較〉

	対策前	対策後	変化
相続税評価額	7000万円	2000万円	－5000万円
年間営業純利益	87万円	200万円	＋113万円
現　況	底地	区分マンション	

組み換えた結果、区分マンション４戸の相続税評価額は購入額5000万円の40％程度（2000万円）まで下がり評価額は5000万円の減。年間営業純利益は底地87万円が、区分マンションの営業純利益（NOI）200万円まで増加しました。

親子の信頼関係により組み換えが成功

この区分マンションへの資産の組み換えはNさん一家全体からみれば効果は小さいのですが、居住地周辺以外の都内の不動産には気にも留めなかった両親が初めて立地や収益性に関心をもち、抜本的な資産の組み換えをスタートするきっかけとなりました。

その後、相続対策を進め、３年間で他の底地の整理はもちろん、建物法人化や月極駐車場の売却、世田谷区や目黒区の好立地の一棟マンションを２棟取得しました。

結果として１億5000万円あった相続税が３年後に8000万円まで下がった時点で、一次相続が発生し、父親の意向通り、従来から所有する自宅周辺の不動産は売らずになんとか一次相続を乗り切ることができたのです。資産の組み換えは机上の数字では理解できても、いざ実行となると借金のプレッシャーや同じものは一つとない物件の選定等、色々とハードルは高いものです。Nさんの事例は親子の信頼関係がしっかりと構築されていたことが成功への鍵だったといえます。

ケース3 収益価格に配慮した、狭小土地の有効活用

人気商店街沿いの10坪の狭小地に収益価格に配慮して店舗ビルを建てた事例です。

世田谷区内の人気商店街で飲食店を営む店主Mさんからの有効活用の相談でした。Mさんは40年以上前に上京して以来、この地域で飲食店を経営してきました。現在の店舗がある場所は30年前に融資を受けて購入をした土地です。現在は70代となり、自分の店は移転して縮小しつつも、現在の地は建て替えをして家賃収入を得たい、そんな御意向でした。

まずは土地の測量からはじめたのですが、計画地は駐車場１台分くらいのいわゆる狭小地で間口がわずか3.6m、全体で10坪程の小さな土地でした。人気の商店街ですので、週末ともなると本当に多くの人が行き交う場所で、店舗ビルを建築しても長期的に高いテナントニーズが期待できる立地です。

早速計画案を練ってみたのですが、鉄筋コンクリート造の店舗ビルだと３階程度まで計画が可能でした。賃貸できる店舗の面積は各階4.5坪。土地は10坪ですが、階段や共用部の負担割合が多く、賃貸面積は小さくなってしまうのです。

建築費は金融機関からの紹介で地域の工務店へ相談したとこ

ろ4000万円前後の見積りでした。店舗ビルの割に規模が小さく、かつ商店街の人通りがかなり多く、ガードマンや施工の手間がかかってしまうのです。

Mさんは建築費相当額を借り入れて今回の建築資金にあてますが、鉄筋コンクリート造だと高いので、木造２階建てにしてコストを下げるのはどうか？　との意見をお持ちでした。実はほぼ同じ時期に近隣で似たような土地で建築している事例があり、それが木造２階建ての一棟貸店舗だったのです。階数が減り、構造が木造となり1500万円程度のコストダウンが見込まれましたが、私は迷わず３階建ての店舗ビルを提案しました。

理由はこの地域の店舗賃料の高さです。商店街の１階店舗の賃料は坪単価で３万円以上も見込める立地ですが、今回はワンフロアのテナント面積が4.5坪と小さく、地域の不動産会社へのヒアリングでも賃料坪単価が４万円は見込めるとの回答があったのです。賃料単価は高くても賃料総額は税込20万円台と地域のテナント価格としては割安で引き合いが多いとのことです。ここで１章の収益価格の視点で木造と鉄筋コンクリート造（RC構造）の土地活用を比較してみましょう。

図6－2　木造とRC造（鉄筋コンクリート造）の比較

	年間賃料	土地（更地価格）	建物（建築費）	土地建物総額	収益価格
木造2階建	432万円	4000万円	2500万円	6500万円	8684万円
RC造3階建	648万円		4000万円	8000万円	1億4400万円
差額	216万円		＋1500万円	＋1500万円	＋5760万円

※取引利回りの相場は鉄筋コンクリート造4.5％、木造５％としました。

収益性と資産性を実現する、収益価格の視点

RC造（鉄筋コンクリート造）３階建ての収益価格は年間賃料648万円÷表面利回り4.5％で、１億4400万円。木造２階建の収益価格は年間賃料432万円÷５％で8640万円です。階数が１層増えることによる賃料収入の増加、構造の違いによる取引利回りの低下（物件価格上昇）の影響で、収益価格は実に5760万円もの差がついてしまうのです。建築コストが1500万円高い点に目が行きがちですが、賃料単価が非常に高いエリアなので、賃貸面積を増やしたほうが圧倒的に有利だという結果です。

なお、融資は期間25年、金利1.5％で地域の金融機関から建築費全額4000万円を融資してもらいました。年間返済は192万円。満室賃料から空室損や運営経費を差し引いた営業純利益は518万円ですので、毎年326万円、月額27万円の賃料収入を得ることができ、賃料収入を得ながら、移転先でマイペースで店舗運営をする当初の目的を達成することができそうです。

Ｍさんにもこのような説明をしたところ、収益価格について全く知識がなかったので、自ら4000万円かけて建てたビルが１億4400万円の資産価値があると聞いて半信半疑でしたが、長年商売をされている方ですので勘が良く、やがて理解ができたようです。結果的には３階建ての鉄筋コンクリート造ビル案で進めることで無事完成することができました。店舗は現在でも満室経営が続いており、Ｍさんの移転先もマイペースで運営を続けられております。

ケース4 間取り見直しで収益性を30％UPさせた土地活用

参考プランを見直して収益性を1.3倍にした土地活用の事例です。

Ｓさんは全国展開するチェーン店の経営者です。本業と併せて賃貸経営を積極的に展開されていました。当社とは不動産投資のことで以前からお取引をさせていただいていましたが、今回は相続で取得した土地の建築相談でした。すでにＳさんの取引先金融機関からのご紹介もあり、複数の建築メーカーからの建築提案を受けていました。

土地は都内の私鉄沿線から徒歩５分の住宅街にあり、非常に利便性が高い場所でした。周辺をみても３～４階建ての賃貸マンションが建ち並ぶエリアです。提案があった計画案は比較的広めの単身者向け１Ｋ（28㎡）を中心とした計画です。賃料は平均９万5000円で総戸数８戸の計画でした。

まずはこのエリアの間取りニーズについて「見える！賃貸経営」を活用して調べてみました。間取りの需給をみてみると、ワンルーム・１Ｋの掲載物件が検索数を大きく上回っており、需給バランスが崩れつつあるように思えます。東京都内は同じような傾向のエリアが多いですが、特にこのエリアはその傾向が強いようでした。１LDK、２LDKのほうはむしろ崩れておらず、安定した需給があると想定されました。

図6－3　賃貸入居者の希望間取り

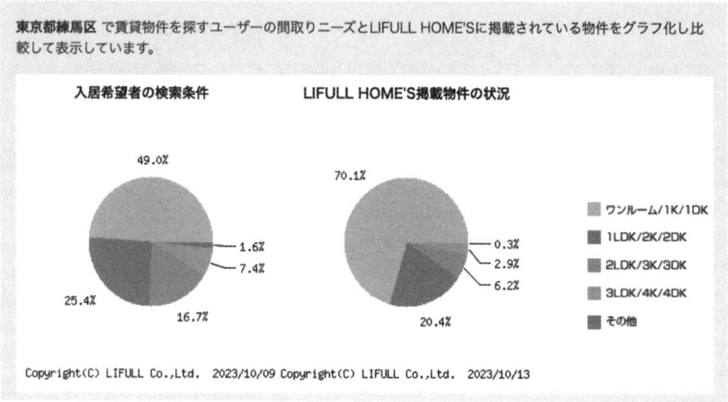

出典：:LIFULL HOME'S「見える！賃貸経営」（2023年10月13日時点）より

次に、賃料帯と、住戸の広さを確認してみると、家賃は７万円台がボリュームゾーンで、次に６万円台、８万円台と続きます。広さは単身向けは20㎡台がボリュームゾーンで、次に25㎡台と続きます。今回の提案は28㎡タイプで９万5000円の賃料帯でしたが、広めでかつ高めの賃料想定であることがわかりました。

図6－4　賃貸入居者の希望する家賃と住戸の広さ

東京都練馬区 で賃貸物件を探すユーザーの家賃ニーズとLIFULL HOME'Sに掲載されている物件をグラフ化し比較して表示しています。

家賃	検索回数	LIFULL HOME'S掲載物件
～3万円	0.2%	0.7%
3万円～	1.7%	1.0%
4万円～	3.9%	4.6%
5万円～	8.3%	9.8%
6万円～	15.0%	16.0%
7万円～	15.7%	21.5%
8万円～	11.7%	13.8%
9万円～	7.6%	9.7%
10万円～	6.1%	4.8%
11万円～	6.6%	5.9%
12万円～	6.5%	4.1%
13万円～	5.1%	2.4%
14万円～	3.5%	1.6%
15万円～	5.7%	2.8%
20万円～	2.0%	1.1%
30万円～	0.3%	0.2%
50万円～	0.0%	0.0%
100万円～	0.0%	0.0%

東京都練馬区 の専有面積に関してユーザーの検索回数とLIFULL HOME'Sに掲載されている物件を比較して、需要と供給のバランスを確認できます。

専有面積	検索回数	LIFULL HOME'S掲載物件
～10㎡	0.3%	0.2%
10㎡～	4.0%	3.5%
15㎡～	10.8%	18.3%
20㎡～	16.4%	23.4%
25㎡～	13.9%	19.3%
30㎡～	7.8%	7.8%
35㎡～	6.9%	5.7%
40㎡～	14.8%	11.2%
50㎡～	12.2%	6.5%
60㎡～	6.7%	2.1%
70㎡～	3.4%	1.0%
80㎡～	1.2%	0.6%
90㎡～	0.8%	0.2%
100㎡～	0.7%	0.2%

出典：:LIFULL HOME'S「見える！賃貸経営」（2023年10月13日時点）より

図6-5　当初の計画案と変更案

〈計画案〉

〈変更案〉

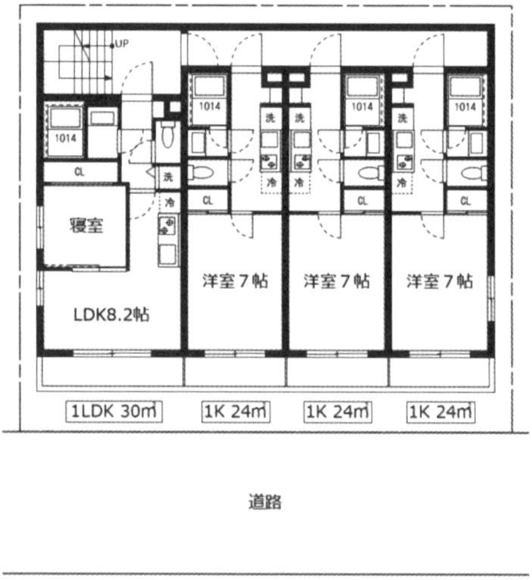

間取りの変更で収益性を高める

一方で計画案を詳細に確認してみると、土地をすべて活用せず、容積率もまだ余裕があることもわかってきました。建物を大きくすることで建設予算が増えますが、Ｓさんの資金的には問題がなく、かつ収益価格もそのほうが高くなります。そこで当社からの変更案が図６－５下側です。主な変更点は以下の通りです。

- 単身向けを28→24㎡程度にコンパクトにし、家賃８万5000円程度に縮小。
- 敷地を有効に活用して１LDKを追加、容積率を消化。
- ワンフロア１戸増え、１Ｋが８戸、１LDKが３戸、合計11戸に増加。
- 屋外階段を屋内階段に変更して内廊下式に変更。

１Ｋ８万円台の空室率や募集期間が気になり、計画エリアを重点的に調べてたところ、駅10分を超える物件は募集期間が長期化しておりましたが、計画地は駅徒歩５分の立地でありリスクは限定的でした。

また、Ｓさんから一部を社員の社宅利用も想定しているとのことで今回は変更案で進めることになりました。変更前後の収入は以下の通りです。

〈収支の変化〉

	計画案	変更案
28㎡ 1 K（95000円）	8戸	
24㎡ 1 K（85000円）		8戸
30㎡ 1 LDK（105000円）		3戸
合計戸数	8戸	11戸
満室賃料収入／月	760,000円	995,000円

戸数は３戸、賃料収入は23.5万円、計画案＋30％の結果となりました。加えて間取り構成も１Ｋに１LDKを混在させることで物件の競争力が上がりました。

今回の計画案の改善点は、間口が広い土地を有効利用できていない点でした。建築メーカーや設計士にもよりますが、初回の計画案にはそのエリアでどのような企画案が適切かという視点よりも、普段の実務でよく使う間取りや配棟をしてしまいがちなのです。賃貸物件の建築には施工会社、設計士のほか、地域の賃貸需要に詳しい管理会社や、２章でも述べましたが不動産運用に詳しい専門家を交えて進めることが重要です。

Ｓさんも今回は土地活用とはいえ、投資目線でも合格ラインの物件を建築することができ大変喜んでいただきました。

まとめ

いかがだったでしょうか？　ケースの１と２では資産の組み換えをうまく利用することで、相続税評価額を5000万円から１億円以上も下げることができ、なおかつ収入も増やしながら、現金も増やすことができました。

また、ケース３と４では、地域の特性を分析して物件の収益価格アップをおこなったことで、収益を増やした事例です。特に、間取りの変更を伴うケース４は、私が一級建築士であることのメリットを生かしました。建築の視点に、賃貸経営の視点を取り入れることで、このような間取りの変更を伴う資産活用の場面で、オーナーにも喜んでもらえる提案が可能だった訳です。

7章

東京の賃貸経営をオススメする理由

最終章は当社が事業展開する東京エリア、特に城南・城西エリアの魅力や、土地のエリア選びの基準や目安などについてお伝えします。また、資産の組み換えや相続対策として人気の新築あるいは築浅のRC一棟マンション経営についてもポイント別にご紹介します。

グローバルに注目される都市、東京

まず私自身の東京という都市との関わりについてお話ししましょう。

私は今から28年前に大学進学で九州から上京して以来、賃貸アパート暮らしから始め、マンション、戸建てとライフステージに応じて住まいを移り変えてきました。住む、働く、遊ぶということを通じて感じた私の東京のイメージを一言で表すならば、「いたるところに商店街と住宅街があり、とてつもなく大きい」ということでした。それも、田舎育ちの私からすれば理解が追いつかないほどでした。

実際、東京はいたるところにビル、鉄道、住宅街が立ち並び、不動産で表すなら所狭しと数千万から数億円もの価値がある資産が立ち並んでいるようなイメージです。

図7-1、2は、毎年、森記念財団都市戦略研究所が公開している「世界48の都市総合力ランキング」です。

これは、世界の主要都市の「総合力」を経済、研究・開発、文化・交流、居住、環境、交通・アクセスの６分野で総合的に評価したランキングになります。2022年では第１位ロンドン、第２位ニューヨークに続き、第３位が東京です。日本からは他に、大阪が第37位、福岡が第42位と続きます。

東京は、総合ランキングでは2016年以来７年連続で３位を獲得しています。特に、分野別では、次の各分野全てにおいて、東京はアジアでトップの順位となっています。

図7－1　世界の都市総合力ランキングでの東京の順位

研究・開発：	**世界第４位**
文化・交流：	**世界第５位**
経　済　：	**世界第５位**

出典：森記念財団都市戦略研究所「世界の都市総合力ランキング2022」
（Global Power City Index, GPCI 2022）

この他にも、交通・アクセスは世界第10位となっていますが、それでも１位の上海についでアジアでは第２位ですので、注目度の高い都市であることは間違いありません。言うまでもなく、東京は文化、研究、政治、経済活動の日本の中枢であり、このようにグローバルにも文化、研究、経済といった多様な分野において上位にランクインしていることは、不動産のみならず、世界から最も注目されているグローバル都市の一つであることの証左でしょう。

図7-2　世界の都市総合力ランキング

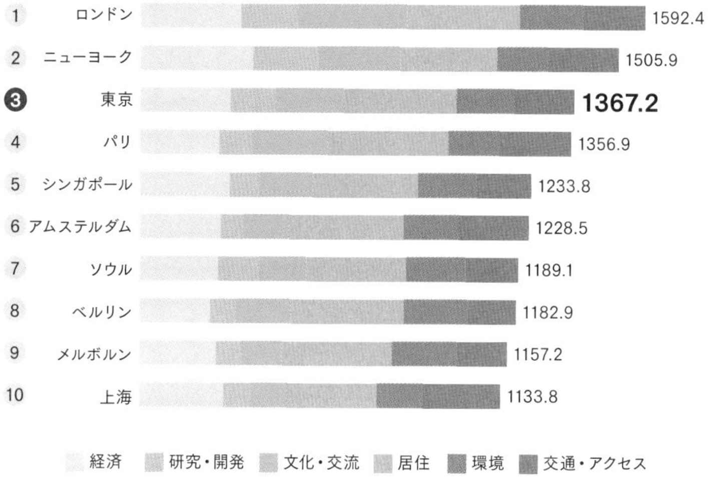

出典：森記念財団都市戦略研究所「世界の都市総合力ランキング2022」
（Global Power City Index, GPCI 2022）

都心通勤圏、
東京23区の賃貸市場の強み

東京23区の鉄道網を簡単に説明すると、JR山手線を中心とする環状線から放射状に延びる地下鉄や私鉄沿線で構成されています。鉄道会社同士の乗り換えはもちろん、年々進む相互乗り入れにより、自宅から30分も乗れば都内の広範囲への通勤が可能です。

近年は、大規模な再開発が進んでいて、例えば、JR東日本が計画している「羽田空港アクセス線」が開通すると羽田空港へのアクセスもさらに便利になる予定です。現在は東京駅から鉄道を利用した場合は約30分かかりますが、羽田空港アクセス線の東山手ルートでは東京駅から乗り換えなしの約18分で羽田空港へ到着することが可能になります。

この他にも、都内の渋谷や池袋のターミナル駅のみならず、急行停車駅に限らず利便性が高い駅の再開発やタワーマンション建設も進んでいます。その結果、便利な駅はますます便利になり、そうでない駅との差がさらに開いているように感じます。

このエリアの中で私が事業用不動産を紹介したり、購入する際に目安にしている主な条件は３つあります。

①都心から通勤30分圏内
②商店街や飲食店等の住環境が整っている場所
③駅7分圏内（1日あたりの乗降客数3万人以上の駅は10分圏内）

コロナ渦で在宅ワークが定着したのはいうまでもありませんが、今年（2023年）に入り、特にGW明けから出社体制へ戻す企業も増えてきました。

「通勤時間がかかっても広さを追求したい」郊外のニーズは一部にはあるものの、依然通勤時間を短くしたいニーズが高いことはいうまでもありません。

また、かつては駅から10分圏内が一つのキーワードになっていましたが、最近は物件を購入する方々のトレンドはより短くなり、駅から7分圏内が一つの目安となっているようです。

もちろん10分や15分がダメだと言うわけではありませんが、長期的にみるのであれば、また将来の資産価値（収益価格）を考えるのであれば、やはり駅に近いに越したことはありません。

逆にコロナ渦でより大事になったのが生活関連施設の充実度だといえます。以前、単身者の中には、家は寝るだけのために帰るようなもの、との声もありましたが、在宅ワークや休日の過ごし方も大事な要素となりましたので、商店街や飲食店、ちょっとした息抜きのおしゃれなカフェは重要です。単身者以外にも、特にDINKS（ディンクス：Double Income Nokids：共働きで子供を持たない夫婦）層ではこれらの施設が充実している場所が重視されるでしょうし、ファミリー層では医療施設や学校、塾等の教育関連施設がとても重要になります。

次に、賃貸経営上の重要な指標となる人口について、東京23区に絞った人口増減予測についてふれたいと思います。

図７－３は４章でもご紹介したRESASから抽出した東京23区の人口増減です。

４章の市場調査の仕方でもふれましたが、都道府県別にみれば減少の一途をたどる県が多いなか、東京23区に関していえば2040年時点で人口増減はほぼゼロ、賃貸需要にかかわる生産年齢人口は－3.79％の微減となってます。豊富な物件数を有する東京23区には先述の条件を満たす不動産が多数あり、今後も魅力的な市場であると考えられます。

図7－3　東京23区の人口増減

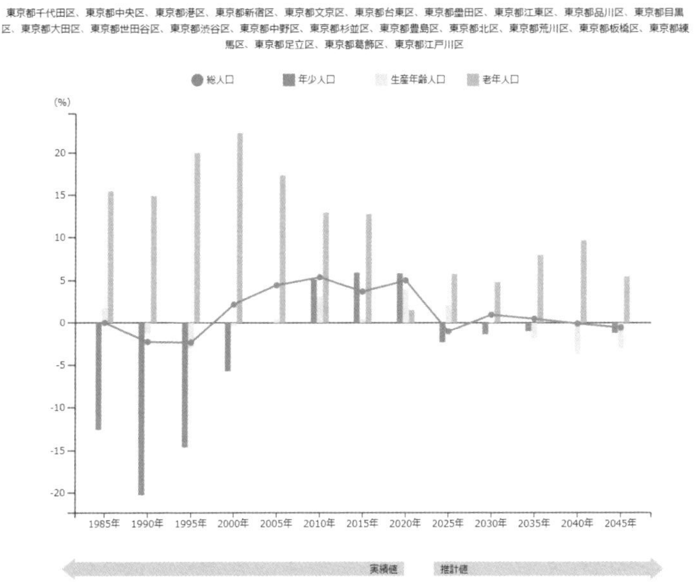

出典：地域経済分析システム（RESAS）人口マップ

人気の城南・城西エリアとは

東京23区の中でも当社で扱うことが多い「城南」や「城西」エリアについて詳しく解説したいと思います。東京は皇居（かつての江戸城）があるエリアを中心として、都心３区（中央区、港区、千代田区）、それ以外を「城東」・「城西」・「城南」・「城北」の以下の４つのエリアに区分けされます。

城南：品川区、目黒区、大田区
城西：渋谷区、新宿区、世田谷区、中野区、杉並区、練馬区
城北：文京区、豊島区、板橋区、北区、荒川区、足立区
城東：江東区、台東区、墨田区、葛飾区、江戸川区

※厳密な区分けではなく当社が目安にしている区分けです。

図7-4　城南・城西エリアなど

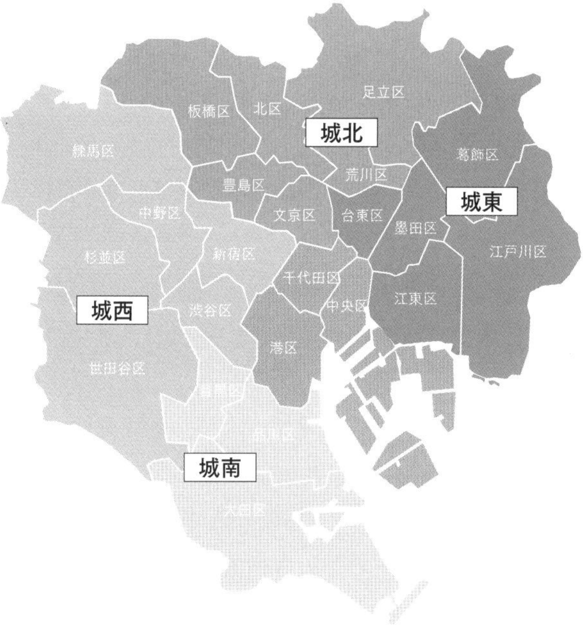

当社は一棟マンションの新築を手がけておりますが、エリアは品川区、目黒区のある城南エリアから、世田谷区や杉並区がある城西エリア、豊島区や板橋区や北区周辺の城北エリアを中心に展開しています。

これらのエリアが中心となる理由の一つは、通勤圏として都内へのアクセスが良いことや、商店街等の買い物施設、飲食店、医療施設が充実していることです。また、武蔵野台地という比較的高台にあり安定した地盤を有する土地が多いということも理由の一つです。地盤に関して大まかな目安となるのはJR京浜東北線です。

図7－5は東京の液状化予測図に当社でJR京浜東北線の路線を落とし込んだ図ですが、青色の液状化の可能性が高い地域は京浜東北線の東側に多数存在していることがわかります。

このような場所に建築する場合、地盤調査の結果次第ではマンションの杭工事や地盤改良工事に影響が出ますし、それゆえどうしても高コストになってしまいます。たとえどんなに堅固な建物を建てたとしても、地盤が液状化する可能性があるエリアでは不安が残ってしまいます。

一方、城南、城西エリア（灰色のエリア）は、安定した地盤を持つエリアに該当します。現行の耐震基準で作られた建物は少なくとも50年以上は保つでしょうから、地盤の液状化リスクを考慮すると、最初から地盤のよいところに建てた方がいいのは明白です。

図7－5　東京の液状化予測図と京浜東北線

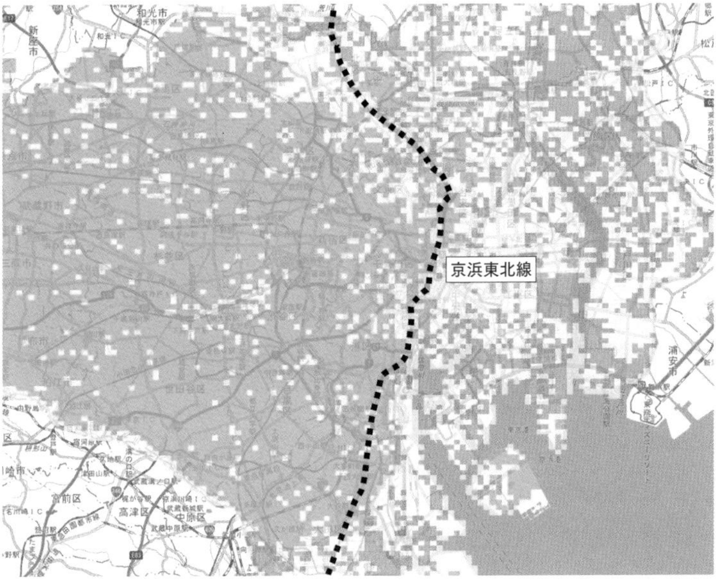

※東京の液状化予測図令和３年度改訂版（東京都土木技術支援・人材育成センター）に京浜東北線を落とし込んだ図（当社作成）

※液状化とは、地震が発生して地盤が強い衝撃を受けると、今まで互いに接して支えあっていた土の粒子がバラバラになり、地盤全体がドロドロの液体のような状態になる現象のことをいいます。液状化が発生すると、地盤から水が噴き出したり、また、それまで安定していた地盤が急に柔らかくなるため、その上に立っていた建物が沈んだり（傾いたり）、地中に埋まっていたマンホールや埋設管が浮かんできたり、地面全体が低い方へ流れ出すといった現象が発生します。

また、城南・城西エリアは、多数の路線からなる鉄道網も利便性に寄与しています。主要な鉄道会社を挙げてみるだけでもJR各線の他、人気の東急電鉄等を含め以下の７社局の路線があります。これだけの路線が入り組んで走っているため、15〜20分程度歩けば、どこかしらの駅にたどり着けます。実際、目的地にたどり着くまでの最短ルートをスマホアプリで検索すると何パターンも出てくるほどです。この過密ともいえる整備された鉄道網があることによって、高い利便性が実現できているのです。

〈城南・城西エリアの路線一覧〉

- ・JR東日本（京浜東北線、埼京線、山手線、総武線、中央線）
- ・京王電鉄（京王線、井の頭線）
- ・小田急電鉄
- ・西武鉄道（池袋線、新宿線）
- ・東京メトロ（丸ノ内線、銀座線、千代田線、東西線、南北線、日比谷線、半蔵門線、有楽町線、副都心線）
- ・東急電鉄（東横線、田園都市線、目黒線、大井町線、池上線、多摩川線、世田谷線）
- ・東京都交通局（大江戸線、三田線、新宿線、浅草線）

このうち、ターミナル駅である新宿駅にはJR東日本・京王電鉄・小田急電鉄・東京メトロ・東京都交通局の５社局、11路線（JR山手線・JR中央本線・JR埼京線・JR湘南新宿ライン・JR総武線・京王新線・京王線・小田急小田原線・都営新宿線・都営大江戸線・東京メトロ丸ノ内線）が乗り入れていて、１日あたりの乗降客数が約359万人（2018年）と世界一を記録し、「世界で最も忙しい駅」としてギネス世界記録にも登録されています。

その他にもJR東日本は毎年各駅の１日あたりの乗降客数を公表していますし、その他の路線の１日の乗降客数は、例えばWikipediaなどでも調べることができますので、ぜひ読者のみなさまの最寄駅についても調べて、比較してみてください。

資産の組み換えで人気の築浅一棟RCマンション経営

最後に資産の組み換えや相続対策等でよく購入される築年数が比較的浅いRC造（鉄筋コンクリート造）の一棟マンションの魅力をお伝えしたいと思います。

私は一棟マンションでも、特に新築物件の購入やその後の売却に至るまでの資産コンサルティングに2015年から関わってきました。RC一棟マンションはとても人気が高く、富裕層や資産家向けに金融機関や銀行系の不動産会社が紹介する物件としてよく取り上げられますし、特に築浅（築15年以内）の物件は非常に人気があります。

では、なぜ築浅のRC一棟マンションが選ばれるのでしょうか？　以下に５つのポイントを解説していきます。

〈ポイント１：安定した入居ニーズと収益性〉

東京のRC一棟マンションの強みを説明する上で欠かせないのは、安定した入居ニーズです。私がお客様へのご説明の際には、駅別の乗降客数データを使用します。

各路線の駅には駅別の乗降客数データがあり、一日平均でどれくらいの人々が改札を出入りしたのかを知ることができます。ただし、これには居住者や仕事での一時的な滞在も含みますので、全ての人数が直接入居ニーズにつながるわけではありませんが、賃貸需要を知る上で参考となる指標になります。

例えば、当社は東京都渋谷区代々木という場所にありますが、このエリアからは人気の住宅街である世田谷区方面を通過して走る小田急線があります。図7-6は小田急小田原線の駅別乗降客数ですが、人気の住宅街である下北沢駅の11.2万や各駅停車駅の千歳船橋駅、祖師ヶ谷大蔵駅でも4万人以上もの乗降客数です。4万人と聞いてもピンとこないかもしれませんが朝6時から23時までの17時間で単純に割ると一時間ごとに約2300人の人々が改札を通過しているということになります。

朝の通勤時間帯や夜の帰宅時間帯の17〜20時頃が最も混雑していることはいうまでもありませんが、22時、23時頃であっても多くの人の往来があります。多くの人の往来があると、賃貸需要はもちろん旺盛で、単身者向けワンルームや、カップル向けの1LDK等、年間を通して需要があります。

全国には12月から3月の繁忙期以外に退去があると、来年まで入居が決まらないようなエリアもあるかと思いますが、常に人の往来があるエリアだからこそ入居ニーズも年間を通して期待できるのです。そして、退去が発生してもすぐに次の入居が決まるという安定感と再現性が収益性の裏付けとなるのです。

図7－6　小田急小田原線の駅別乗降客数

駅名	乗降客数（人）
新宿	41,970
南新宿	3,588
参宮橋	10,858
代々木八幡	17,806
代々木上原	237,023
東北沢	7,086
下北沢	112,116
世田谷代田	9,041
梅ヶ丘	30,091
豪徳寺	24,471
経堂	75,323
千歳船橋	51,828
祖師ヶ谷大蔵	43,037
成城学園前	74,920
喜多見	29,015
狛江	41,774
和泉多摩川	13,358
登戸	146,926

〈ポイント2：金融機関からみた評価〉

不動産取引をおこなう上で金融機関の融資姿勢は大きく影響します。富裕層向けの都内の一棟マンションの価格帯は３億～10億円未満の価格帯が多く、全て現金で購入される場合はまれで、多くの場合、金融機関からの融資によって購入されます。

購入検討の際に、融資条件に最も影響するのが物件に対する融資額だと考えられます。なぜなら、金利や返済期間は妥協できても融資額が希望に満たない場合、そもそも購入自体ができないからです。そして金融機関が融資額を決める条件に影響を及ぼすのが返済期間ですが、そこには「法定耐用年数」が密接に関係しています。法定耐用年数とは減価償却資産の使用が可能と見込まれる年数のことで、構造別の法定耐用年数は以下の通りです。金融機関が融資する際の返済期間は、原則的にはこの期間内に抑える傾向が強くなります。

〈居住建物の法定耐用年数〉

	木造	重量鉄骨造	鉄筋コンクリート
法定耐用年数	22年	34年	47年

例えば、築30年の鉄筋コンクリート造のマンションがあったとすると、融資返済期間は**法定耐用年数47年から30年を引いた残存期間17年がベースとなります。**

もちろん大規模修繕の状態や物件固有の要素で年数が多少変わることはあっても、原則はこの法定耐用年数がベースにあります。その結果、より築浅の建物で、法定耐用年数が長い鉄筋コンクリート造の方が、融資の返済期間を長期に設定できるということになります。返済期間が長期になれば、毎月の返済額を抑えることができ、結果として融資額を増やすことができるのです。このような背景もあり、金融機関は築浅の一棟マンションを取り扱いやすくなり、富裕層向け取引が増える一因となっているのだろうと個人的には考えています。

なお、誤解のないように書いておくと、築30年の木造アパートでも維持、修繕を実施することで法定耐用年数以上の使用は可能です。この法定耐用年数とはあくまでも「税法で定められた耐用年数の考え方」であることも注意してください。

〈ポイント3：高品質、遮音性能に優れた居住空間〉

物件を保有すると入居者からのクレームやトラブルはつきものですが、各社のデータを見ても入居者からの３大クレームは**騒音、水漏れ、設備故障に関するトラブルとなっています。**

水漏れや設備故障は建物に起因するするというよりも、どちらかといえば施工した会社や設計段階での配慮不足やミスなどが原因となるものが多いのですが、騒音対策は建物の構造に依存するためどうしても限界があります。特に木造の遮音対策には限界があります。

鉄筋コンクリート造が木造や鉄骨造と比較した際に優れてい

るのは、やはりこの遮音性です。賃貸管理を自主管理するにせよ、管理会社へ委託するにせよ入居者間での騒音トラブルは避けたいものです。騒音をより抑える分譲マンションの建物は鉄筋コンクリート造ですが、賃貸マンションも鉄筋コンクリート造にすることで騒音トラブルは限りなく減らすことができるのです。

〈ポイント4：将来価値と資産性〉

不動産を保有すると将来の資産価値がどうなるか？　誰しも気になるところでしょう。不動産価格には所在するエリアの経済成長や人口動態、金利動向のほか、開発投資等のインフラ整備が影響しますが、築浅の鉄筋コンクリート造物件には違った側面からのメリットがあります。

それはポイント２でも触れた法定耐用年数の影響です。不動産を購入する際の融資の返済期間は多くの金融機関で30年から最長35年程度となりますが、鉄筋コンクリート造の法定耐用年数47年は、木造の2.1倍、重量鉄骨造の1.4倍もありこの点で大きなメリットがあります。例えば築10年の鉄筋コンクリート造マンションを購入し、その７年後に売却する場合、築17年時点での残存耐用年数はまだ30年あります。

売却する際に購入検討をする側が、期間30年融資を使えるということは購入する側からすれば、資金調達をしやすいということになります。この差は大きく、築浅であればあるほど、新築でさらにメリットが大きくなります。これが鉄筋コンクリート造という構造による資産性のメリットです。

〈ポイント５：不動産のオーナーシップ〉

最後はオーナーシップ（所有する）に関してですが、不動産経営の目的には以下の５つがあるといわれています。

①家賃収入からのキャッシュフロー
②融資を活用した事業のレバレッジ効果
③減価償却を活用した節税効果
④インフレヘッジ
⑤オーナーシップ

①の将来不安や年金対策として家賃収入からのキャッシュフローや、②の融資を活用してレバレッジ効果を生かした賃貸経営の拡大などが、不動産経営の主な動機や目的となるでしょう。

また、③の減価償却を活用した所得税の節税や、相続税対策は不動産経営の大きなメリットになります。また、④はインフレ期には物価全体の価格水準が高くなることで希少性ある不動産価格は上昇し、オーナーはその恩恵にあずかることができます。

そして最後の⑤のオーナーシップでは、所有することによる権利収入や地位がオーナーの満足度を高めることになります。特に好立地の不動産や、美観が保たれた築浅の一棟マンションを持つ富裕層、資産家にはこの傾向が強いように思います。あらかじめ必要となるキャッシュフローは確保し、金融資産を安定的に運用したい、あるいは、誰しもが欲しがるような立地の不動産を保有することで資産防衛をしたい、そのような思いや背景が不動産価値に影響を及ぼしているのだと感じます。

以上、東京が注目される理由を、不動産だけではないグローバル都市としての魅力としてランキングを使ってご紹介しました。なかでも当社が手がける城南、城西エリアは、アクセスが良く、生活関連施設が充実していること、地盤が安定しているという大きなメリットがあることがおわかりいただけかと思います。

また、私が資産コンサルティングに関わってきた経験から、新築あるいは築浅のRC一棟マンション経営がなぜ人気があるのかを、資産の組み換えや相続対策の側面から、ポイントごとにメリットを解説してきました。特に法定耐用年数の差分を利用した融資面でのメリットが大きいことがご理解いただけたのではないでしょうか。

おわりに

最後まで読んでいただきありがとうございました。

本書で伝えたかったことを一言で表すならば、ずばり**「土地活用で“収益価格”の視点を持つ」**ということです。本書では図解や数字を使って、できるだけわかりやすく書くことを心掛けました。しかし、収益価格を初めて知った方にとってはやや難しかったかもしれません。著者としては、本書を通じて、読者の皆様にとって新たな気づきや視点が生まれれば幸甚です。

本書執筆時点の2023年10月では、岸田政権によって「資産所得倍増プラン」が決定されました。1960年代の「所得倍増計画」に“資産”という単語がついたフレーズで、家計の金融資産の大半を預貯金が占めているため資産が増えていかないという視点から生まれたものです。基本的には投資信託や株式等を通じて資産を増やすという構想ですが、ここで言う資産を増やすとは配当を貯めて資産を増やすということよりも、むしろ投資した商品そのものの価値が長期的に上昇して資産が形成されるという考え方です。

この所得から資産所得という考え方の変化からは、給与所得以外の所得を考えなければこれからの時代を乗り切るのは厳しいとすら感じられますが、実は全く同じことを不動産経営にも感じるのです。つまり、家賃収入の維持と修繕負担に追われた経営を続けるのではなく、資産価値に注目し、安定した価値が形成される不動産を保有することで不動産資産が形成されるということです。

そして、不動産を活用した資産形成で重要なことが資産価値を知る、つまり**「収益価格」を知る**ということにつながります。投資信託や株式にはその時々の時価評価が明示されますが、不動産（特に賃貸アパートやマンション等の収益不動産）は、一つとして同じものがないという特性から資産価値が曖昧のまま、運用や土地活用が行われていると感じます。さらに恐ろしいことは、次世代に承継する際に最高税率55%という相続税が待ち受けていることです。

平成から令和の時代になり、大きな時代の変化を感じます。私は2006年から不動産業界に入りましたが、リーマンショックとコロナショックと二つの大きな変革期を経験しました。その経験を経てこれからの不動産経営を成功させるために大事なことは、第一に**時代の潮流を読むこと**、そして**数字で合理的に考え行動に移すこと**です。不動産経営はミドルリスク、ミドルリターンで、難易度もそれほど高くありません。自ら学び、行動できる人にとってはまたとないチャンスの時代が来たのです。

最後に、本書が皆様の不動産経営に少しでも貢献できれば著者として望外の喜びです。

2023年10月吉日

緒方大介

[著者略歴]

緒方大介（おがた・だいすけ）

株式会社リフレム 代表取締役【HP】https://reframe.co.jp/

一級建築士／公認不動産コンサルティングマスター
宅地建物取引士／CPM（米国不動産経営管理士）
CCIM認定不動産投資顧問
一般社団法人IREM JAPAN理事
一般社団法人CCIM JAPAN2021年度代表理事

1976年、長崎県諫早市生まれ。青山学院大学中退後、早稲田大学専門学校（現早稲田大学 芸術学校）卒。
建築設計事務所、不動産会社、地域工務店を経て、2014年に株式会社リフレムを設立。資産家、地主向けの不動産運用、相続対策コンサルティングのほか、建築から不動産、金融まで、幅広い知識と経験を活かし、東京23区の城南・城西エリアを中心とした新築一棟マンションプロデュース事業や、低稼働・低収益不動産を再生するストック活用事業を手掛ける。不動産関連セミナー講師としての実績多数。

損《そん》する土《と》地《ち》活用《かつよう》 得《とく》する資《し》産《さん》活用《かつよう》

2023年11月11日　初版発行

著　者　　緒方大介

発行者　　小早川幸一郎

発　行　　株式会社クロスメディア・パブリッシング
〒151-0051 東京都渋谷区千駄ヶ谷4-20-3 東栄神宮外苑ビル
https://www.cm-publishing.co.jp
◎本の内容に関するお問い合わせ先：TEL（03）5413-3140／FAX（03）5413-3141

発　売　　株式会社インプレス
〒101-0051 東京都千代田区神田神保町一丁目105番地
◎乱丁本・落丁本などのお問い合わせ先：FAX（03）6837-5023
service@impress.co.jp
※古書店で購入されたものについてはお取り替えできません

印刷・製本　　株式会社シナノ

　ISBN978-4-295-40890-1　C2034